人体运动彩色解剖图谱系列

# 力量训练 超值口袋版

## 彩色图谱

人邮体育解剖图谱编写组 编著

U0725240

人民邮电出版社

北京

## 图书在版编目（CIP）数据

力量训练彩色图谱：超值口袋版 / 人邮体育解剖图谱编写组编著. — 北京：人民邮电出版社，2024.7
ISBN 978-7-115-64314-8

Ⅰ. ①力… Ⅱ. ①人… Ⅲ. ①力量训练－图谱 Ⅳ. ①G808.14-64

中国国家版本馆CIP数据核字(2024)第084528号

## 免责声明

本书内容旨在为大众提供有用的信息。所有材料（包括文本、图形和图像）仅供参考，不能用于对特定疾病或症状的医疗诊断、建议或治疗。所有读者在针对任何一般性或特定的健康问题开始某项锻炼之前，均应向专业的医疗保健机构或医生进行咨询。作者和出版商都已尽可能保本书技术上的准确性以及合理性，且并不特别推崇任何治疗方法、方案、建议或本书中的其他信息，并特别声明，不会承担由于使用本出版物中的材料而遭受的任何损伤所直接或间接产生的与个人或团体相关的一切责任、损失或风险。

## 内容提要

了解训练动作的解剖学知识能帮助我们更好地理解训练动作的原理与要点，从而正确发力，精准健身。对于没有任何力量训练基础的读者来说，本书是一本不可多得的超详细训练动作指南。本书介绍了健身基础知识，讲解了针对全身不同部位的130多个训练动作，提供了拿来即用的多主题训练计划。对于每一个训练动作，本书都提供了由专业教练示范的动作图、高清彩色肌肉解剖图、正确和错误做法、呼吸指导等，有助于训练者清晰了解训练动作的目标肌群，以及如何正确地做动作。本书能帮助训练者掌握高效训练方法，快速实现健身目标，同时避免损伤，既适合健身新手、健身爱好者阅读，对于健身教练、体能教练等专业人士也具有一定的参考价值。

◆ 编　　著　人邮体育解剖图谱编写组
　　责任编辑　王若璇
　　责任印制　彭志环
◆ 人民邮电出版社出版发行　　北京市丰台区成寿寺路 11 号
　　邮编　100164　　电子邮件　315@ptpress.com.cn
　　网址　https://www.ptpress.com.cn
　　涿州市般润文化传播有限公司印刷
◆ 开本：787×1092　1/32
　　印张：5　　　　　　　　　　　2024 年 7 月第 1 版
　　字数：158 千字　　　　　　　2025 年 7 月河北第 6 次印刷

定价：29.80 元

读者服务热线：(010)81055296　印装质量热线：(010)81055316
反盗版热线：(010)81055315

# 目 录

## 第1章　手臂训练　　　　　　　　　　　1

## 第2章　肩部训练　　　　　　　　　　　17

## 第3章　胸部训练　　35

## 第4章　背部训练　　54

## 第 5 章　核心训练 73

## 第 6 章　臀腿训练 100

## 第 7 章　训练计划　　139

# 本书使用说明

解剖图解

呼吸指导

动作名称

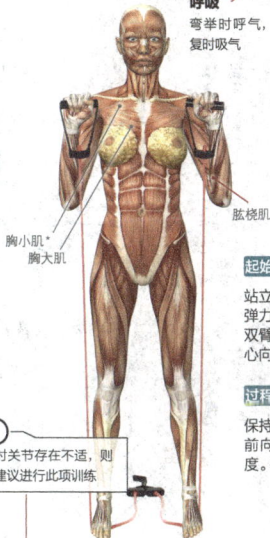

第1章 手臂训练

**弹力带反向弯举**

**呼吸**
弯举时呼气，恢复时吸气

胸小肌
胸大肌

肱桡肌

真人演示

**起始**
站立，双脚分开，与肩同宽，并踩住弹力带。双手分别握紧弹力带两端，双臂自然下垂，保持弹力带绷直，掌心向后。

文字解析

**过程**
保持身体姿势不变，两侧前臂掌心朝前向上弯举至肘关节弯曲到最大限度。恢复起始姿势，完成规定的次数。

动作级别
- ● 初级
- ● 中级
- ● 高级

(!) 若肘关节存在不适，则不建议进行此项训练

安全提示

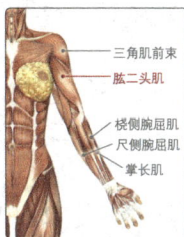

三角肌前束
**肱二头肌**
桡侧腕屈肌
尺侧腕屈肌
掌长肌

✓
- 缓慢伸展手臂向下还原
- 上臂保持不动
- 核心收紧

✗
- 弯举速度过快
- 肘部向两侧展开

6

正确做法

错误做法

锻炼肌肉
红色字体为主要锻炼肌肉
灰色字体为次要锻炼肌肉

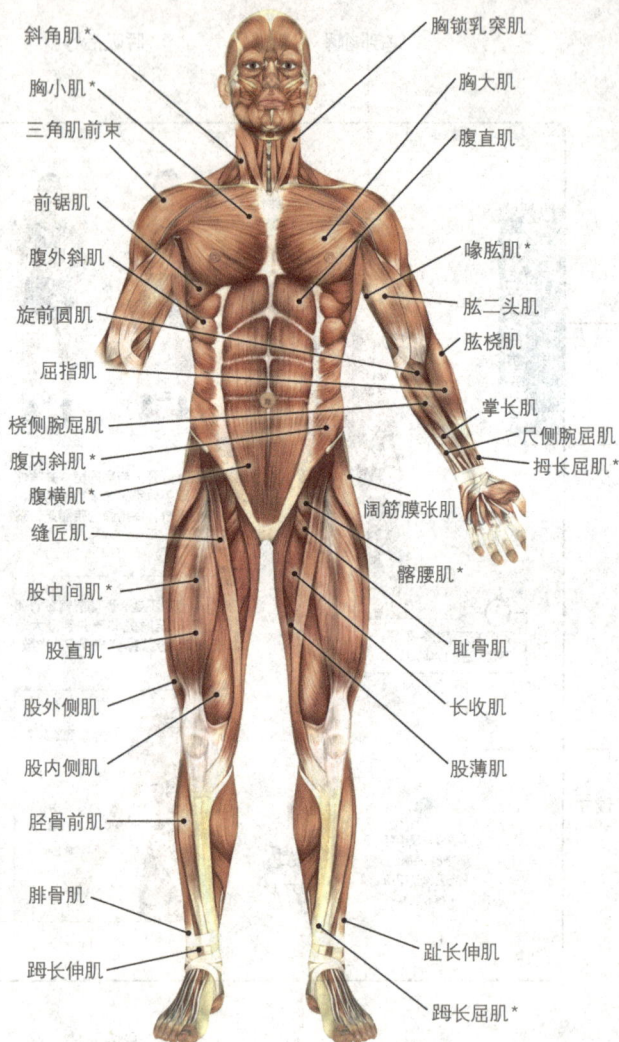

斜角肌*

胸小肌*

三角肌前束

前锯肌

腹外斜肌

旋前圆肌

屈指肌

桡侧腕屈肌

腹内斜肌*

腹横肌*

缝匠肌

股中间肌*

股直肌

股外侧肌

股内侧肌

胫骨前肌

腓骨肌

踇长伸肌

胸锁乳突肌

胸大肌

腹直肌

喙肱肌*

肱二头肌

肱桡肌

掌长肌

尺侧腕屈肌

拇长屈肌*

阔筋膜张肌

髂腰肌*

耻骨肌

长收肌

股薄肌

趾长伸肌

踇长屈肌*

注：*为深层肌肉，余同。

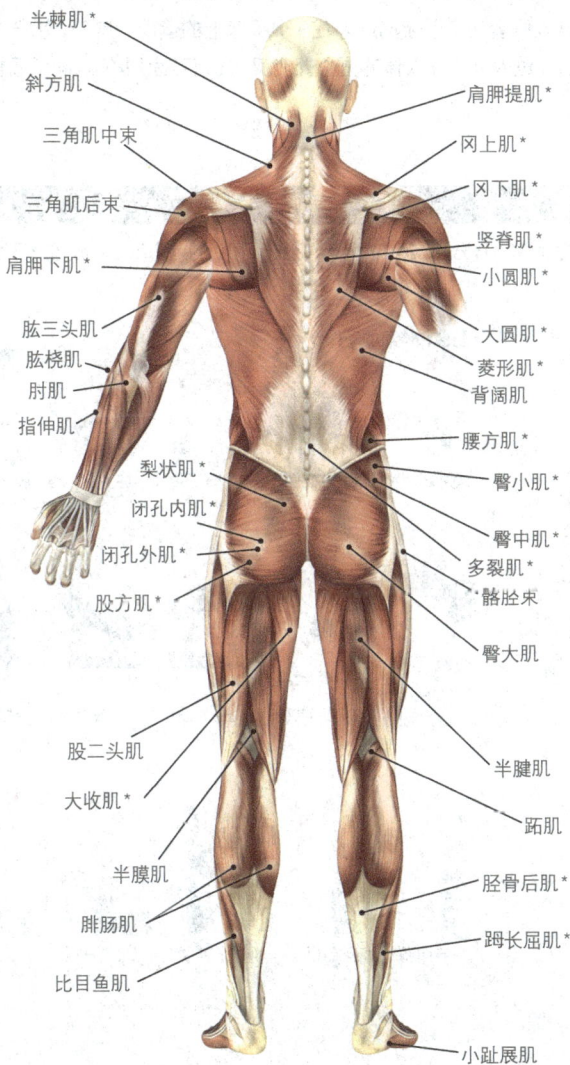

半棘肌*

斜方肌

三角肌中束

三角肌后束

肩胛下肌*

肱三头肌

肱桡肌

肘肌

指伸肌

梨状肌*

闭孔内肌*

闭孔外肌*

股方肌*

股二头肌

大收肌*

半膜肌

腓肠肌

比目鱼肌

肩胛提肌*

冈上肌*

冈下肌*

竖脊肌*

小圆肌*

大圆肌*

菱形肌*

背阔肌

腰方肌*

臀小肌*

臀中肌*

多裂肌*

髂胫束

臀大肌

半腱肌

跖肌

胫骨后肌*

蹞长屈肌*

小趾展肌

# 运动平面

　　通常人体运动可以被描述为在3个平面上的运动，这3个想象的相互垂直的平面穿过人体，在人体的重心处交叉，它们分别是矢状面、冠状面和水平面。

## 矢状面

　　矢状面将人体分为左、右两半。在矢状面上的运动包括四肢与躯干屈曲和伸展等。

**屈曲和伸展的动作**

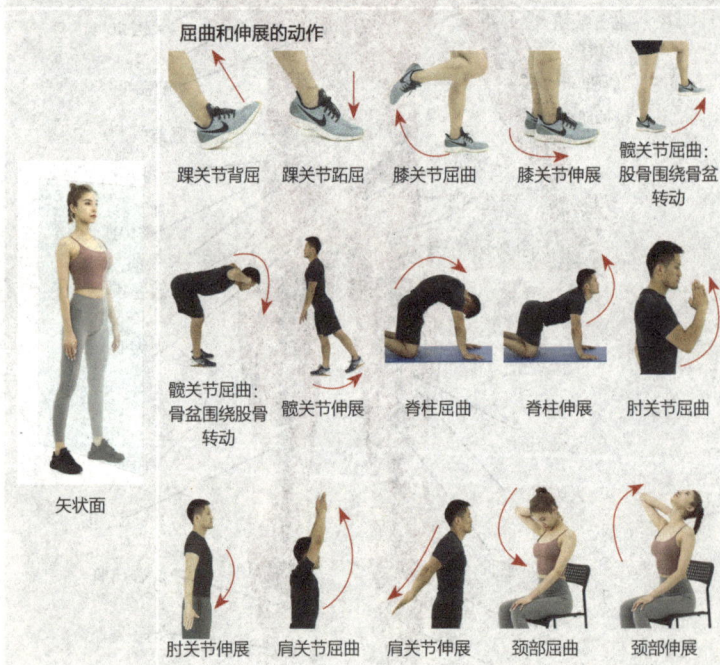

踝关节背屈　踝关节跖屈　膝关节屈曲　膝关节伸展　髋关节屈曲：股骨围绕骨盆转动

髋关节屈曲：骨盆围绕股骨转动　髋关节伸展　脊柱屈曲　脊柱伸展　肘关节屈曲

肘关节伸展　肩关节屈曲　肩关节伸展　颈部屈曲　颈部伸展

矢状面

## 冠状面

冠状面将人体分成前、后两半。在冠状面上的运动包括四肢内收和外展（相对于躯干）、脊柱侧屈及足踝内翻和外翻等。

内收和外展的动作

冠状面

足踝外翻　　足踝内翻　　髋关节外展　　髋关节内收

躯干侧屈　　肩关节外展　　肩关节内收　　颈部侧屈

## 水平面

水平面将人体分成上、下两半。水平面运动包括四肢内旋和外旋，头颈左、右旋转，四肢水平外展和水平内收以及前臂旋前、旋后等。

旋转的动作

水平面

髋关节外旋　　髋关节内旋　　前臂旋后　　前臂旋前　　肩关节外旋　　肩关节内旋

肩关节水平外展　　肩关节水平内收　　脊柱旋转　　颈部旋转

# 动作模式

力量训练动作可被归类为不同的模式，如推、拉、跳跃、旋转、蹲等。

| | |
|---|---|
| **推** | 推类动作主要指通过上肢和躯干发力，将物体推离身体（如卧推等）或将身体推离物体（如俯卧撑等）的动作。做推类动作时，虽然重点发力部位是上肢和躯干，但动作是整体性的，往往同时需要核心部位与下肢协同发力，才能高质量完成动作，得到最好的训练效果。 |
| **拉** | 拉类动作与推类动作恰恰相反，主要指依靠上肢和背部肌肉的力量，使物体与身体靠近（如硬拉、划船，以及引体向上等）。与推类动作一样的是，做拉类动作时，虽然重点发力部位是上肢和背部，但动作也是整体性的，也需要核心部位与下肢协同发力，才能高质量完成该类动作，得到最好的训练效果。 |

*在力量训练中，可以将推与拉的动作组合，使得一部分肌肉做功时，另一部分肌肉休息，以此提升训练效率，也让肌肉得到全方位的锻炼。

| | |
|---|---|
| **跳跃** | 跳跃类动作属于爆发性的动作，主要通过下肢发力，使身体在瞬间发生位移，如栏架类动作、跳箱类动作，以及跳高、跳远等动作。 |
| **旋转** | 旋转类动作主要指依靠核心力量，使身体发生旋转的动作。在旋转过程中，上肢或下肢的位置会发生变化，借助旋转的速度与势能，发出的力会更大。此类动作在专项运动中很常见，如各种投掷动作，以及球类运动中的闪躲、转身动作等。力量训练中常见的旋转类动作有上提、下砍、俄罗斯转体等。旋转类动作能帮助提升核心部位的力量与稳定性，而核心部位的力量与稳定性是各种运动的基石。 |
| **蹲** | 蹲类动作指在保持核心稳定的前提下，臀部和腿部肌肉发力，使身体重心向上、下、左、右等方向移动的动作，如深蹲、弓步蹲等。蹲类动作主要锻炼下肢肌肉的力量与爆发力，也是减脂瘦身的常用动作。 |

此外，还有屈伸、侧屈、跨步等动作模式。无论是哪种动作模式，在训练中都要合理利用，科学搭配，使肌肉得到更全面的锻炼。

# 力量训练要素

一个动作做几组、每组做多少次、每组之间的时间间隔等都是力量训练要素，需要我们好好把握。在进行力量训练之前，我们有必要了解一下这些要素。

**动作的重复次数与组数**

一个动作要做几组，每组要做多少次，需要依据动作的总次数（即训练量）来进行设定。除了使用大负重的力量训练，对于常规训练来说，将动作的总次数控制在25~50次最好。如果动作较简单、负重小，可以分3组来做，例如，总次数为30次，分3组，每组10次。如果动作较难，可以分成多组进行，每组的次数少一些。一般来说，单组次数的常用范围有3种：8~10次、10~12次和12~15次，训练者可根据自己的水平和目标来选择合适的范围。持续规律训练一段时间后，可以适当提高训练量，给肌肉更大的刺激，获得更理想的效果。

**组与组之间的时间间隔**

完成一组训练后，需要进行短暂休息，再开始下一组训练。休息的时间不能太长，否则会失去刺激肌肉的最好时机；也不能太短，否则肌肉恢复不够，影响下一组动作的完成质量。

肌纤维分为快缩型和慢缩型。大负重训练会调动快缩型肌纤维，让人体在短时间内产生很大的力，但快缩型肌纤维很容易疲劳，且恢复时间长；小负重训练会调动慢缩型肌纤维，慢缩型肌纤维产生的力没那么大，但耐力好且恢复快。因此，大负重训练需要较长的组间休息时间，而小负重训练只需要短暂的组间休息时间。

总体来说，应将组与组之间的时间间隔控制在1~3分钟，少数大负重训练组间时间间隔定为3~5分钟。训练者可以根据训练强度来调整组间的时间间隔。

**训练的周期性**

我们既需要进行针对全身的训练，也需要进行针对特定部位的训练。设定合理的训练周期，有计划地训练的效果，比散漫、无目标地训练的效果好得多。根据重复次数分阶段训练，或按重点锻炼部位分周期训练，都是可行的计划。例如，刚开始健身，可以先进行小负重、高重复次数的训练，一个月后可进行稍大负重、中等重复次数的训练，两个月后再进行大负重、低重复次数的训练，等等。总之，负荷渐进式的周期性训练会让你获得实质性的进步。

**训练频率**

训练频率即每周训练的次数，总的设置原则是每周至少训练2天，最好能隔天进行1次训练。初级和中级水平的训练者每周训练3天，高级训练者每周训练4天，这是比较合理的安排。在非力量训练日，可适当进行一些有氧训练，促进肌肉恢复。

# 力量训练注意事项

### 热身与放松

对于任何训练来说，热身与放松都是必需的。训练前热身可以使肌肉脱离僵硬、静止的状态；使体温升高、肌肉弹性得到提升；使血液流动加快，让养分到达身体各处的速度加快，使肌肉更好地进入运动状态，不会因为僵硬而拉伤或痉挛。训练后放松则是为了使肌肉更好地恢复，将训练中产生的乳酸等代谢废物快速排出，减轻疲劳感与肌肉酸痛感。训练后，通常肌肉还保持着训练时的收缩紧张状态，拉伸放松可以使肌纤维变得舒展而有弹性，有助于肌肉恢复和塑形。

### 动作的顺序

想要提升训练效果，合理安排动作顺序很重要。每次训练时，最好先做耗能最大的动作，也就是需要调动大肌肉群的动作（因为刚开始训练时，身体状态较好，可以在保障安全的前提下高质量地完成难度较高的动作），然后做针对小肌肉群的、耗能低的动作。还有一种效率很高的训练方法，就是组合进行不同模式的动作，例如，同样是矢状面的动作，先做推类的动作，累了之后再做拉类动作，此时可以使完成推类动作后疲劳的肌肉得到调整，又不干扰拉类动作需要调动的肌肉，让肌肉得到全面锻炼。

### 有目的地训练

训练目的多样，包括练出一身好看的肌肉或增加肌肉力量等。无论目的是什么，都要遵循科学的原则，有计划、针对性地进行训练。例如，想增加肌肉力量，让肌肉线条更好看，可以进行大负重、低重复次数的训练；想减脂，则要在进行力量训练的同时，增加一些有氧训练；想对某一部位进行塑形，可增加针对该部位训练的频率等。

### 训练节奏

节奏对力量训练十分重要。在大部分情况下，训练动作的完成可分为3个阶段：向心收缩、等长收缩和离心收缩。例如，在卧推动作中，向上推举杠铃的阶段是向心收缩，到动作顶点的停滞阶段是等长收缩，然后将杠铃缓慢放下的阶段是离心收缩。一个动作的完整过程，在时间上是有节奏的。依然以卧推为例，下放过程慢一些，用4秒，下放后立即上推，没有停顿，上推过程用1秒，到动作顶点停顿2秒，那么这个动作的节奏就是4-0-1-2。通常来说，大部分动作讲究快起慢放，把握好动作节奏，可以更好地刺激肌肉，使训练效果更好。

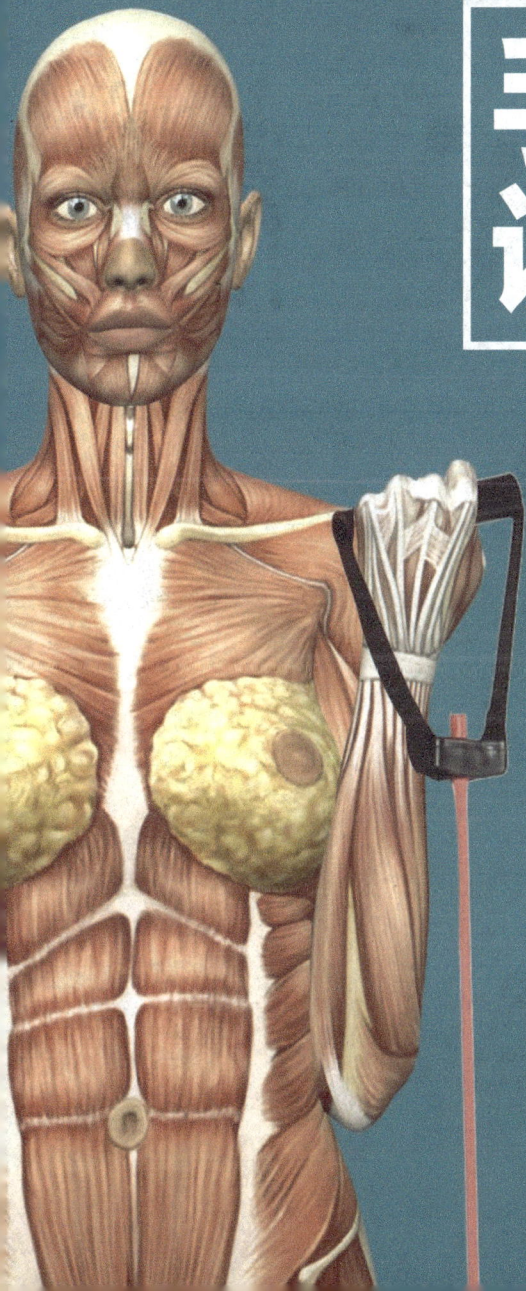

# 手臂训练

## 哑铃弯举

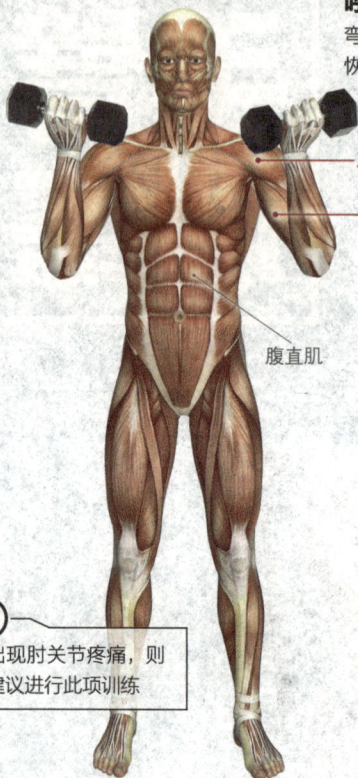

三角肌前束

肱二头肌

腹直肌

**呼吸**
弯举时呼气，
恢复时吸气

### 起始

站立，双手握哑铃自然下垂于身侧，掌心向前。

### 过程

保持站姿，双臂同时向上弯举至双手位于肩部上方。恢复起始姿势，完成规定次数。

(!) 若出现肘关节疼痛，则不建议进行此项训练

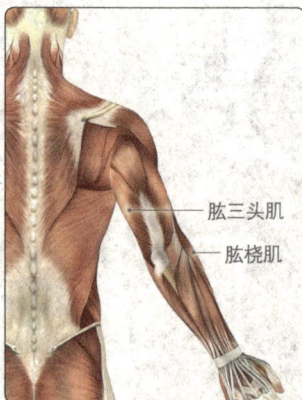

肱三头肌

肱桡肌

✓
· 核心收紧
· 双肩放松
· 背部保持挺直

✗
· 双肩上耸
· 背部拱起

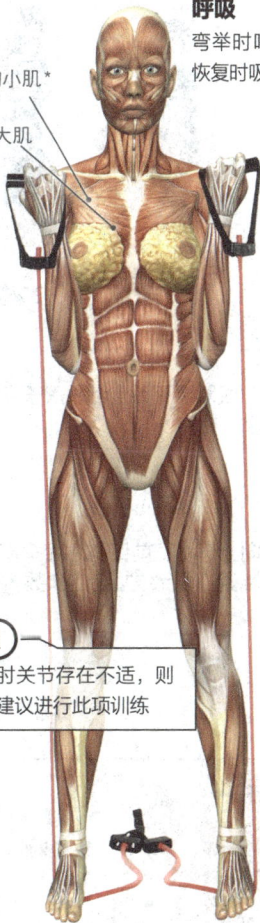

**呼吸**
弯举时呼气，
恢复时吸气

胸小肌*

胸大肌

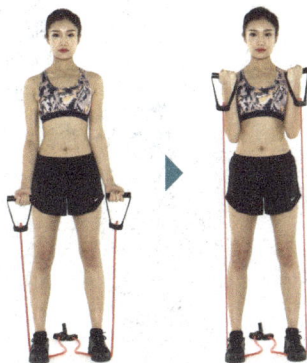

**弹力带弯举**

（!）
若肘关节存在不适，则
不建议进行此项训练

### 起始

站立，双脚分开，与肩同宽，踩住弹力带。双手分别握紧弹力带两端，双臂自然下垂，保持弹力带绷直。

### 过程

保持身体姿势不变，双臂屈肘向上弯举至最大限度，双手基本位于肩部位置。恢复起始姿势，完成规定的次数。

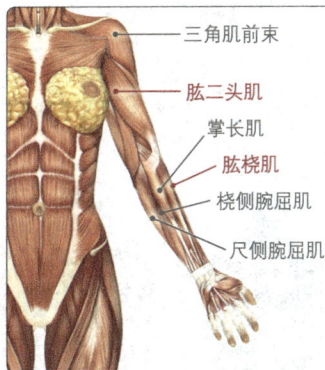

三角肌前束

**肱二头肌**

掌长肌

**肱桡肌**

桡侧腕屈肌

尺侧腕屈肌

✓
• 保持身体稳定
• 核心收紧
• 上臂保持不动

✗
• 弯举速度过快
• 肘部未贴紧身体两侧

3

## 哑铃锤式弯举

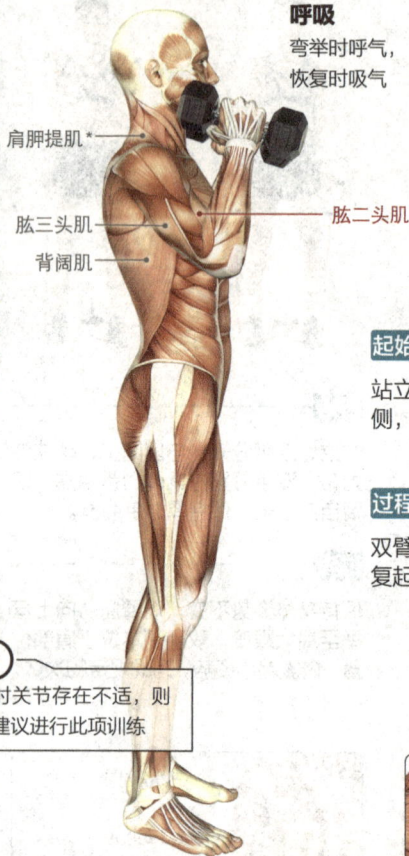

肩胛提肌*

肱三头肌

背阔肌

肱二头肌

**呼吸**
弯举时呼气，
恢复时吸气

**起始**
站立，双臂握哑铃自然垂落于身体两侧，掌心相对。

**过程**
双臂向上弯举至前臂与地面垂直。恢复起始姿势，完成规定的次数。

(!) 若肘关节存在不适，则不建议进行此项训练

胸大肌

三角肌前束

肱二头肌

桡侧腕屈肌
掌长肌
尺侧腕屈肌

✓
• 核心收紧
• 上臂保持不动

✗
• 弯举速度过快
• 肘部向两侧展开

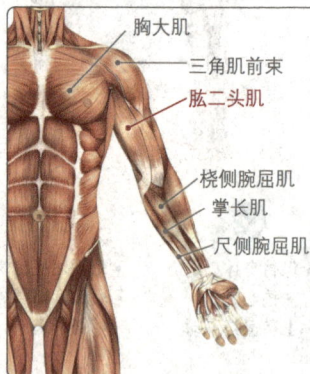

三角肌前束

**肱二头肌**

肱三头肌

胸大肌

腹直肌

**呼吸**
弯举时呼气，
恢复时吸气

哑铃反向弯举

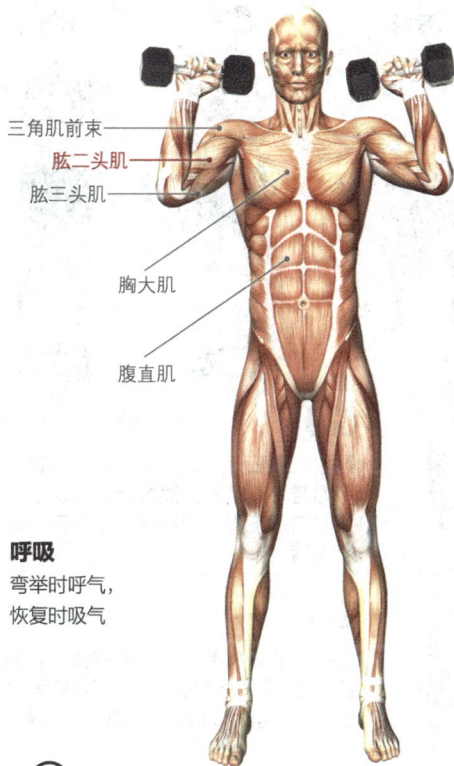

肘关节若存在不适，则
不建议进行此项训练

✔
• 背部挺直
核心收紧
• 掌心保持向下
• 双肩放松

✘
• 双肩上耸
• 弯腰弓背

**起始**

站立，双臂握哑铃自然垂落于身前，
掌心向后。

**过程**

双臂向上弯举至前臂与地面垂直，掌
心向前。恢复起始姿势，完成规定的
次数。

# 弹力带反向弯举

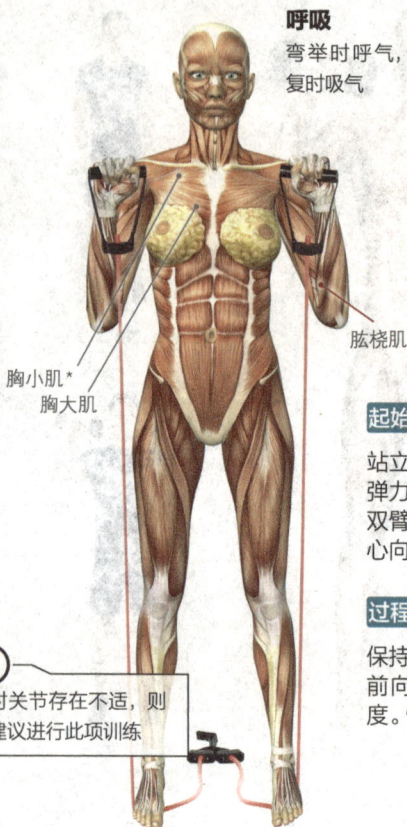

**呼吸**
弯举时呼气，恢复时吸气

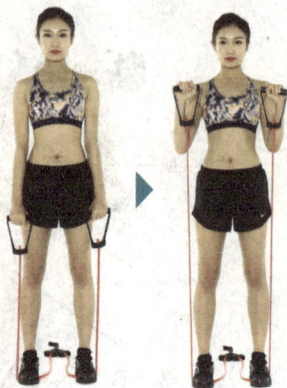

胸小肌*
胸大肌

肱桡肌

三角肌前束
肱二头肌
桡侧腕屈肌
尺侧腕屈肌
掌长肌

(!) 若肘关节存在不适，则不建议进行此项训练

## 起始

站立，双脚分开，与肩同宽，并踩住弹力带两端。双手分别握紧弹力带两端，双臂自然下垂，保持弹力带绷直，掌心向后。

## 过程

保持身体姿势不变，两侧前臂掌心朝前向上弯举至肘关节弯曲到最大限度。恢复起始姿势，完成规定的次数。

✓
• 缓慢伸展手臂向下还原
• 上臂保持不动
• 核心收紧

✗
• 弯举速度过快
• 肘部向两侧展开

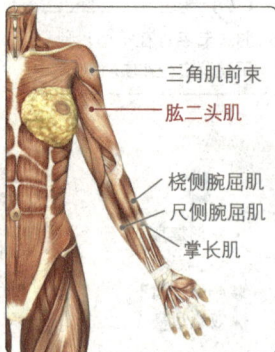

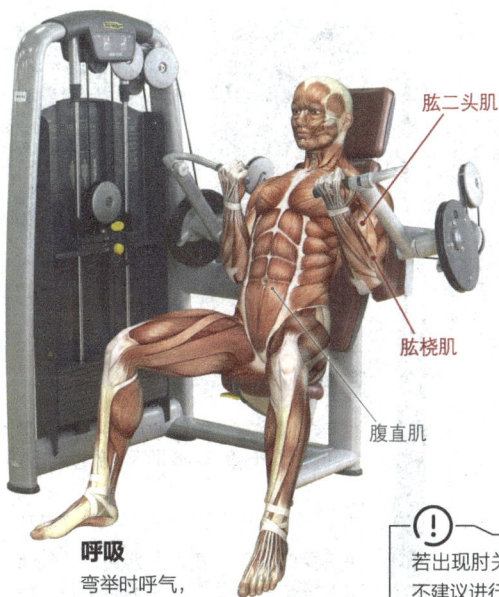

肱二头肌

肱桡肌

腹直肌

器械弯举

● ● ●

**呼吸**
弯举时呼气，
恢复时吸气

(!) 若出现肘关节疼痛，则
不建议进行此项训练

✔
• 肘关节紧贴于支
  撑垫，手臂发力
• 背部、臀部紧
  贴座椅

✖
• 双脚离地
• 上身前倾

肱二头肌

肱肌*

尺侧腕屈肌

桡侧腕屈肌

**起始**

由坐姿开始，上身挺直，背靠椅背。
双脚撑地，双臂伸直，手握把手。

**过程**

保持身体姿势不变，双臂缓慢向上弯
举至动作极限，稍作停顿，缓慢恢复
起始姿势。完成规定次数。

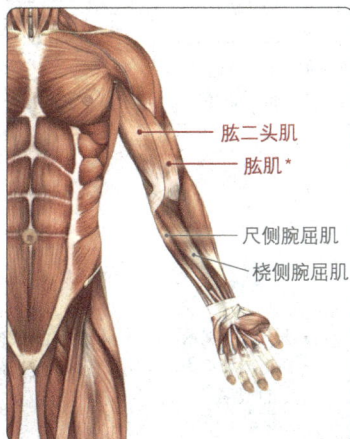

## 绳索弯举

**呼吸**
弯举时呼气,
恢复时吸气

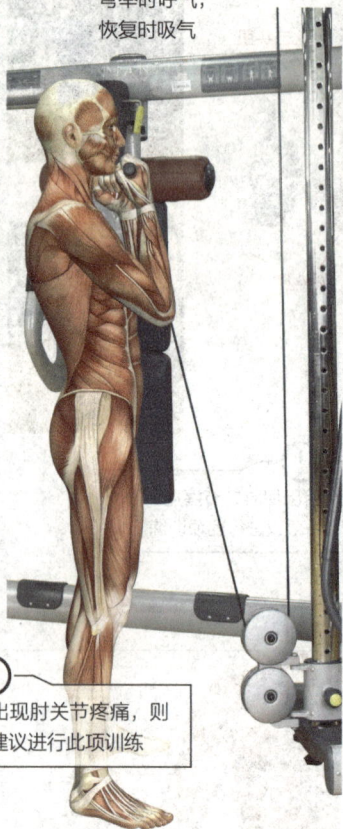

### 起始

面向器械站立,挺胸收腹,身体略微
后仰。双臂伸直,手握把手,掌心向上。

### 过程

保持身体姿势不变,上臂夹紧,前臂
向上弯举至前臂大约与地面垂直。缓
慢恢复起始姿势,完成规定次数。

(!) 若出现肘关节疼痛,则
不建议进行此项训练

斜方肌
三角肌前束
肱二头肌
肱肌*
肱桡肌

✓
• 上臂保持夹紧
• 保持躯干挺直
  且收紧

✗
• 肘关节外展
• 身体过度后仰

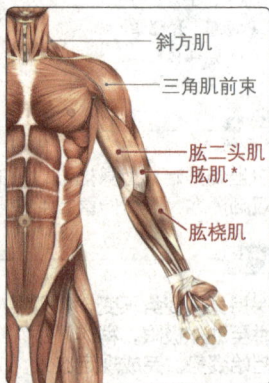

胸三头肌
三角肌前束

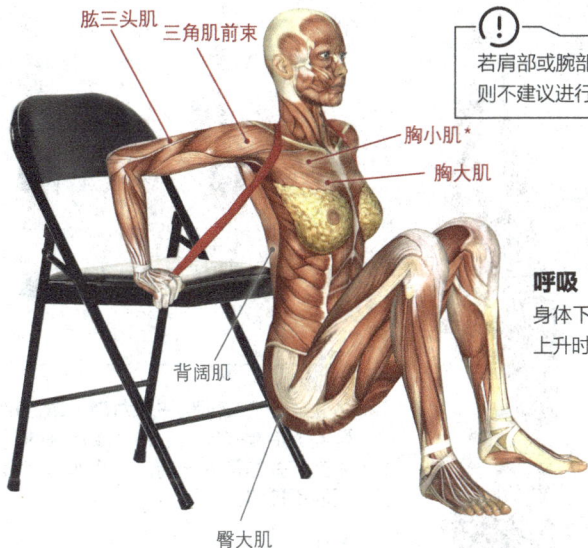

若肩部或腕部存在不适，则不建议进行此项运动

胸小肌*
胸大肌

**弹力带椅上臂屈伸**

**呼吸**
身体下降时吸气，
上升时呼气

背阔肌

臀大肌

• 背部挺直
• 核心收紧

• 双肩上耸
• 双脚移动位置

### 起始

身体位于训练椅前方呈坐姿，双腿屈膝90度，大腿与地面平行。双臂伸直，双手撑丁身后椅子上，同时双手分别握紧弹力带两端，使弹力带经身体后侧绕过颈部，保持弹力带绷直。

### 过程

双臂屈肘至上臂与前臂呈90度，同时身体下蹲至大腿与地面呈45度。恢复起始姿势，完成规定的次数。

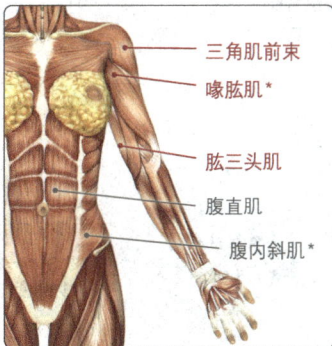

三角肌前束
喙肱肌*

胸三头肌
腹直肌

腹内斜肌*

9

## 弹力带过顶臂屈伸

**呼吸**
手臂伸直时呼气，
恢复时吸气

斜方肌

三角肌

背阔肌

腹外斜肌

竖脊肌*

**①** 若肩部存在不适，则不
建议进行此项训练

**✓**
· 上臂保持不动
· 核心收紧

**✗**
· 身体后仰
· 背部拱起
· 拉伸速度过快

**起始**

站立，一侧脚部踩住弹力带一端，双
臂向上抬起并向后弯曲，双手从脑后
紧握住弹力带另一端，保持弹力带绷
直但不拉伸。

**过程**

保持身体姿势不变，双臂向上拉伸弹
力带至双臂完全伸直。有控制地恢复
起始姿势，完成规定的次数。

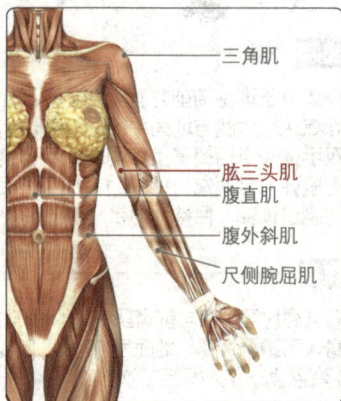

三角肌

肱三头肌

腹直肌

腹外斜肌

尺侧腕屈肌

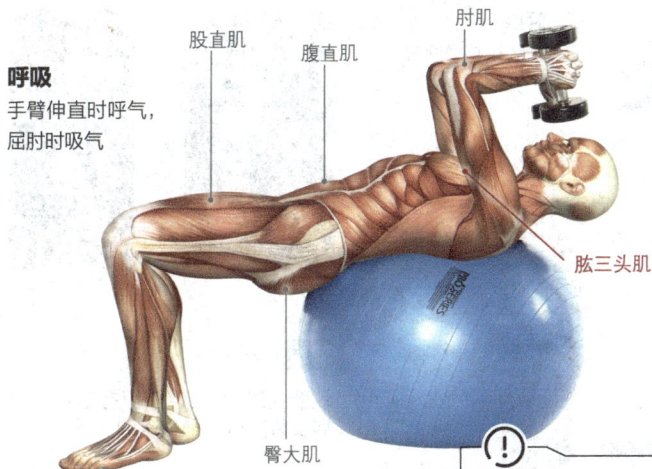

股直肌　腹直肌　肘肌

**呼吸**
手臂伸直时呼气，
屈肘时吸气

肱三头肌

臀大肌

**哑铃瑞士球臂屈伸**

● ● ●

! 若肩部或背部存在不适，
则不适合进行此项训练

✓
• 身体稳定
• 背部挺直
• 核心收紧

✗
• 背部拱起
• 腰部下塌
• 身体晃动

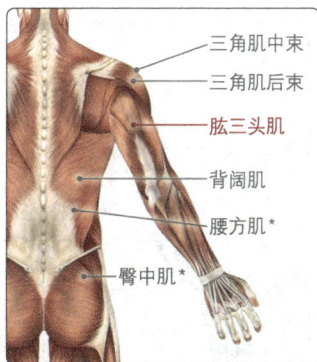

三角肌中束
三角肌后束
肱三头肌
背阔肌
腰方肌*
臀中肌*

**起始**

仰卧于瑞士球上，上背部、中背部紧贴球面，同时屈膝使大腿和小腿呈90度，躯干、大腿与地面平行，双手直握哑铃置于胸部正上方，掌心相对，双臂伸直。

**过程**

保持身体姿势，双臂同时屈肘90度。缓慢恢复起始姿势，完成规定的次数。

## 双杠臂屈伸

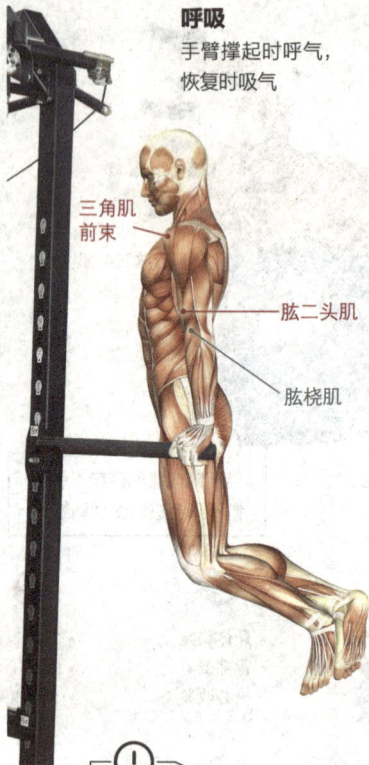

**呼吸**
手臂撑起时呼气，
恢复时吸气

三角肌
前束

肱二头肌

肱桡肌

**起始**

双臂屈肘 90 度，双手握把杆，保持身体挺直，脚尖点地。

**过程**

双臂发力，向上撑起至手臂完全伸直，双脚离地，并保持身体挺直。缓慢恢复起始姿势，完成规定的次数。

! 若肩部存在不适，则不建议进行此项训练

✓ • 身体呈一条直线
• 保持稳定，
  手臂发力

✗ • 腿部发力，
  出现借力的情况

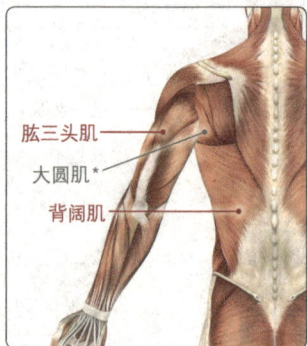

肱三头肌

大圆肌*

背阔肌

**呼吸**
手臂下压时呼气，
恢复时吸气

肱二头肌

腹直肌

(!) 若出现肘关节疼痛，则
不建议进行此项训练

**起始**

坐于器械上，调整座椅位。膝关节屈曲，
双脚支撑于地面，躯干紧靠椅背，双手
握紧两侧把手且掌心相对。

**过程**

双臂同时对抗阻力，尽可能向下伸展，
直至手臂伸直。恢复起始姿势，完成规
定次数。

✓
• 背部挺直
• 后背和臀部
  紧贴座椅

✗
• 上身前俯
• 背部拱起

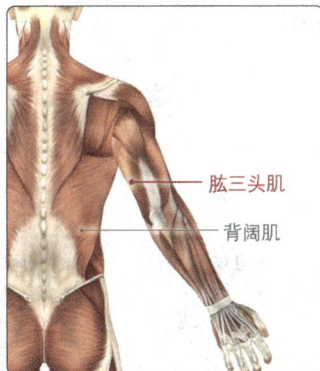

肱三头肌

背阔肌

13

# 绳索肱三头肌下压

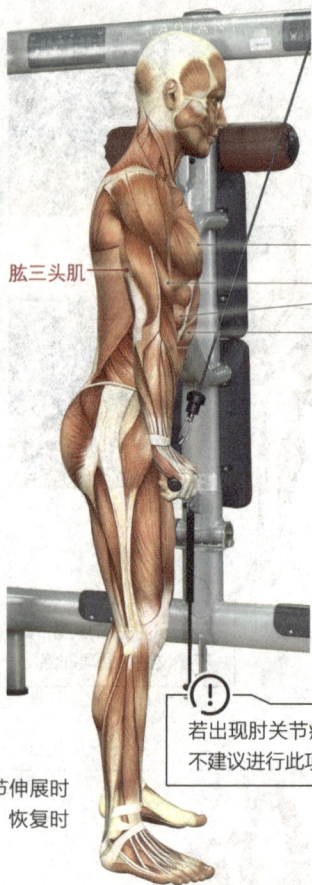

肱三头肌

胸大肌
肱二头肌
腹外斜肌
腹直肌

## 起始

面对器械站立，双脚分开，与肩同宽。双臂置于身体两侧，上臂夹紧躯干，双手正握把手。

## 过程

躯干收紧且直立，上臂夹紧于身体两侧，肘关节对抗阻力伸展，直至手臂完全伸直。恢复起始姿势，完成规定次数。

**呼吸**

肘关节伸展时呼气，恢复时吸气

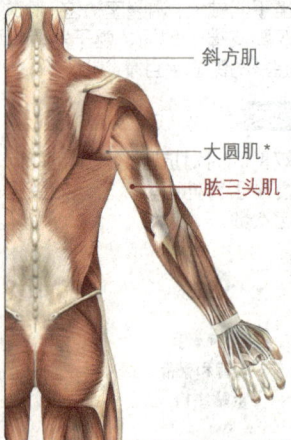

(!) 若出现肘关节疼痛，则不建议进行此项训练

斜方肌

大圆肌*

肱三头肌

✓
• 身体挺直
• 上臂夹紧
• 核心收紧

✗
• 身体前倾或后仰
• 背部拱起
• 肘关节外展

**呼吸**
全程均匀呼吸

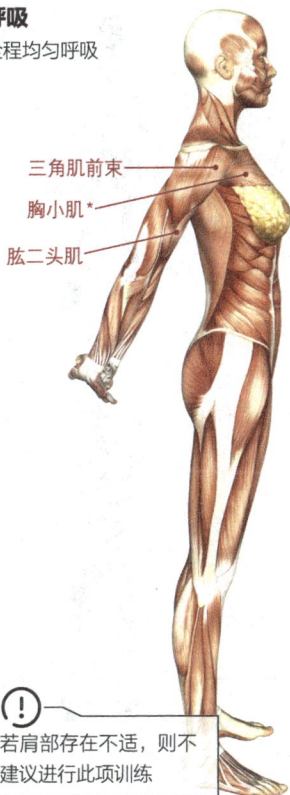

三角肌前束
胸小肌*
肱二头肌

若肩部存在不适，则不建议进行此项训练

✔
• 保持肩部放松
• 核心收紧
• 背部挺直

✘
• 双臂上抬过高
• 背部拱起
• 双手松开

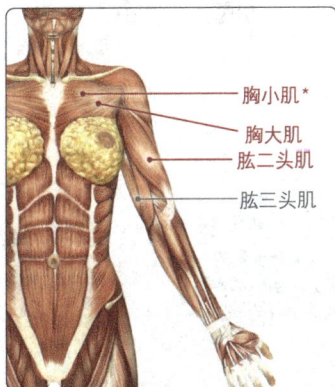

肱二头肌拉伸

**起始**

站立，挺胸收腹，目视前方，双手交叉于身体后方，掌心向下。

**过程**

双臂缓慢上抬，感受肱二头肌被拉伸，保持动作至规定时间。

胸小肌*
胸大肌
肱二头肌
肱三头肌

15

**肱三头肌拉伸**

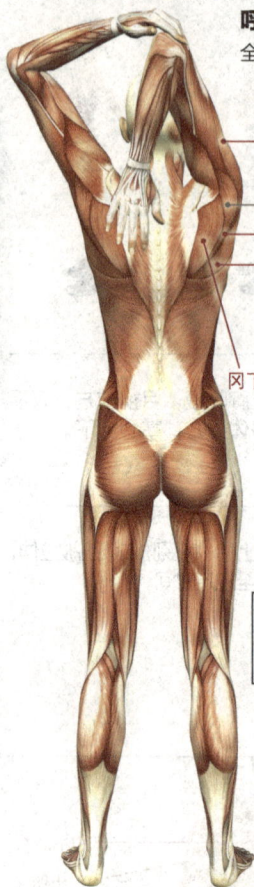

**呼吸**
全程均匀呼吸

肱三头肌

肩胛下肌*

小圆肌*

大圆肌*

冈下肌*

! 若肩部存在不适，则不建议进行此项训练

**起始**

站立，双脚开立与肩同宽，双臂自然下垂。

**过程**

拉伸侧手臂弯曲于头部后侧，另一侧手握住拉伸侧手肘，发力向非拉伸侧拉动，直至拉伸到肱三头肌有中等程度的拉伸感，保持动作至规定时间。对侧亦然。

✓
• 背部挺直
• 拉伸侧手臂尽可能屈肘

✗
• 用力过猛
• 肩部上耸

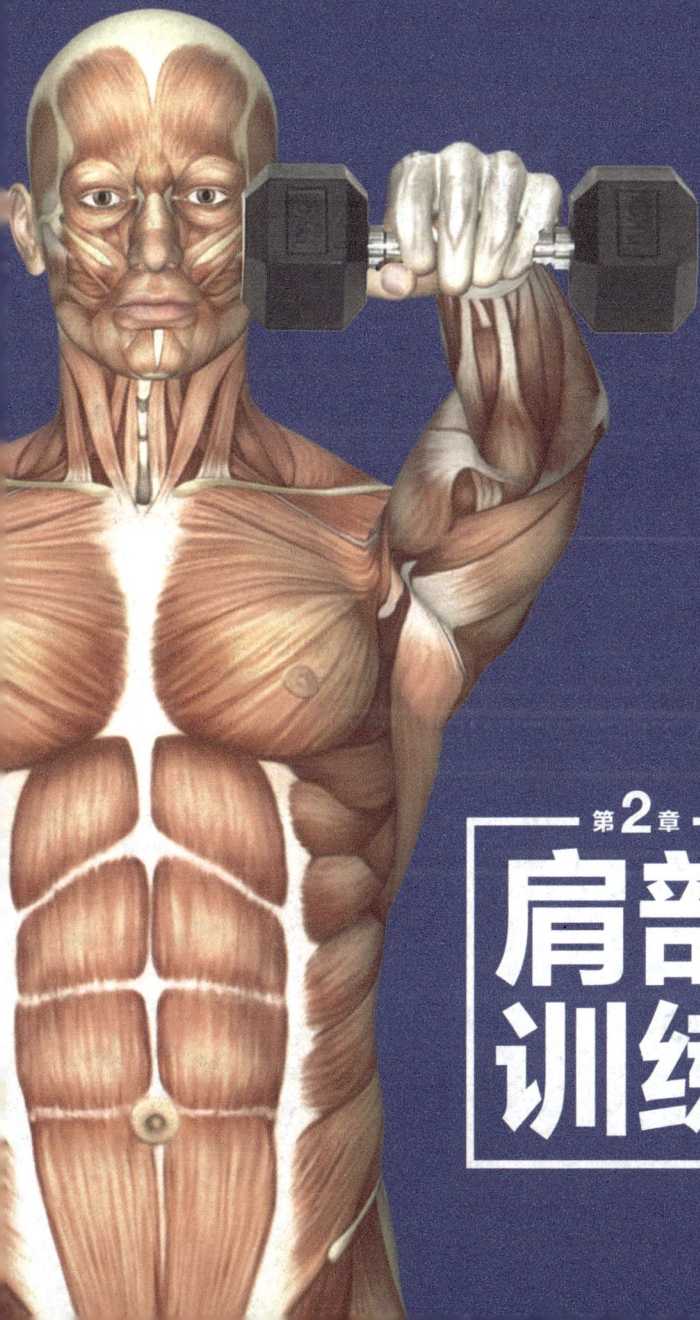

# 第 2 章

肩部
训练

## 哑铃前平举

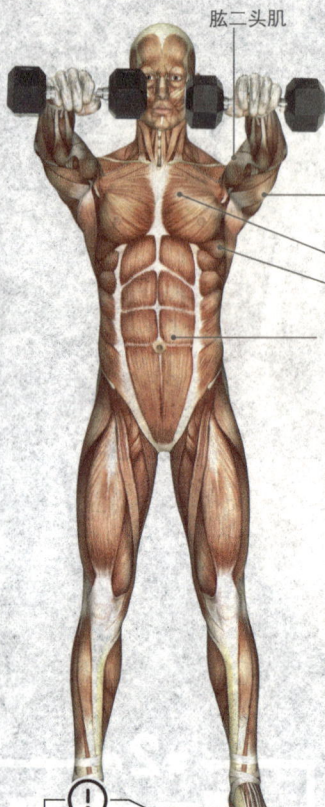

肱二头肌

**呼吸**
抬臂时呼气，恢复时吸气

肱三头肌

胸大肌

前锯肌

腹直肌

**起始**

站立，双手握哑铃自然垂落于身前，双脚间距与肩同宽。

**过程**

双臂同时向上平举哑铃至双臂与地面平行。缓慢恢复起始姿势，完成规定的次数。

**(!)** 若肩部存在不适，则不建议进行此项训练

**✓**
• 保持背部挺直
• 肘关节可略微弯曲

**✗**
• 双肩上耸
• 身体晃动

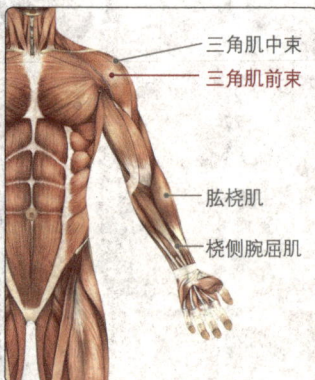

三角肌中束

三角肌前束

肱桡肌

桡侧腕屈肌

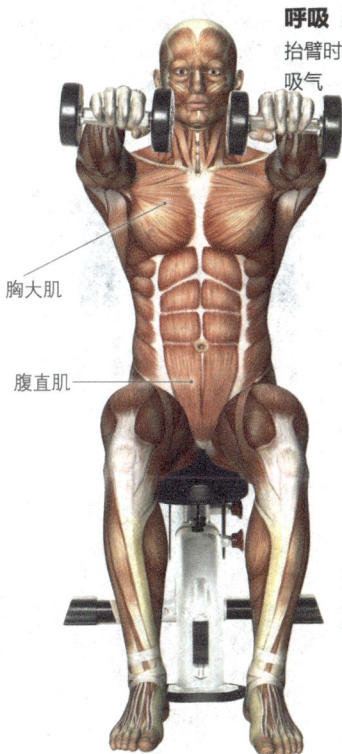

**呼吸**
抬臂时呼气，恢复时吸气

胸大肌

腹直肌

哑铃坐姿前平举

**起始**

坐在训练椅上，上身挺直，双手握哑铃自然下垂在身体两侧。

**过程**

双臂同时向前平举至双臂与肩同高或略高于肩部。恢复起始姿势，完成规定次数。

! 若出现肩关节疼痛，则不建议进行此项训练

✔
• 双臂保持平行
• 上身始终保持挺直
• 双臂平稳上举

✘
• 上身前倾或后仰
• 双臂上举速度过快
• 双臂上举过高

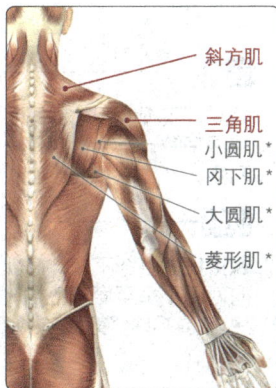

斜方肌

三角肌
小圆肌*
冈下肌*
大圆肌*
菱形肌*

19

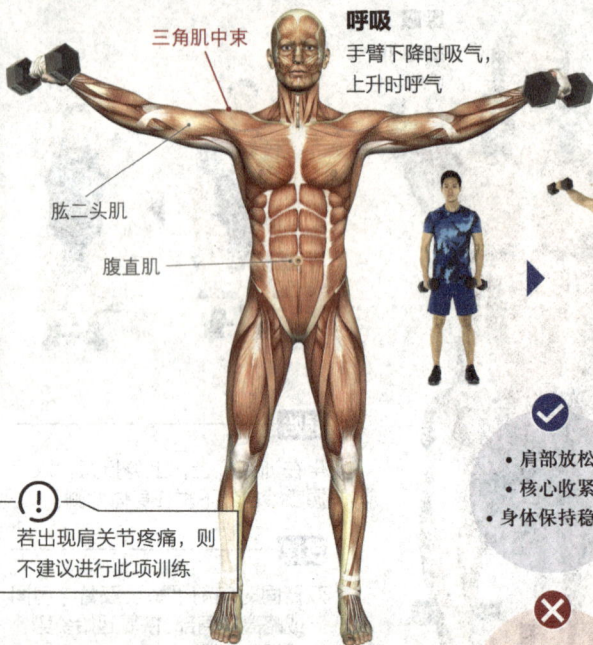

# 哑铃侧平举

三角肌中束

**呼吸**
手臂下降时吸气，
上升时呼气

肱二头肌

腹直肌

(!) 若出现肩关节疼痛，则
不建议进行此项训练

✓
• 肩部放松
• 核心收紧
• 身体保持稳定

✗
• 身体晃动
• 抬臂过高
• 肩部上耸

**起始**

站立，双脚间距与肩同宽。双手
持握哑铃，掌心相对，垂于身体
两侧。

**过程**

保持身体姿势不变，肩部发力，
向两侧平举至肩部上方，肘部微
屈。恢复起始姿势，完成规定次数。

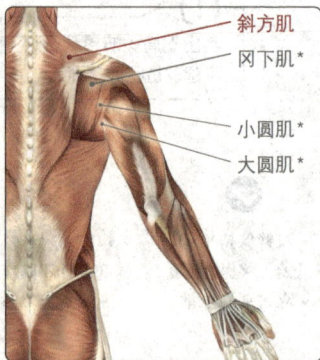

斜方肌
冈下肌*
小圆肌*
大圆肌*

三角肌中束
肱二头肌

**呼吸**
抬臂时呼气，恢复时吸气

肱桡肌

腹外斜肌

✓

• 始终保持动作稳定

✗

• 颈部和下颌收紧
• 身体下滑

**哑铃上斜侧平举**

⚠ 若肩颈部或背部存在不适，则不建议进行此项训练

**起始**

将训练椅调节为上斜 30~45 度，胸部和核心紧贴训练椅靠背，双手握哑铃自然下垂，掌心相对。

**过程**

双臂同时侧平举，至上肢与地面平行。恢复起始姿势，完成规定的次数。

肩胛提肌*
斜方肌
三角肌中束
三角肌后束

肱二头肌

桡侧腕屈肌

# 哑铃瑞士球侧平举

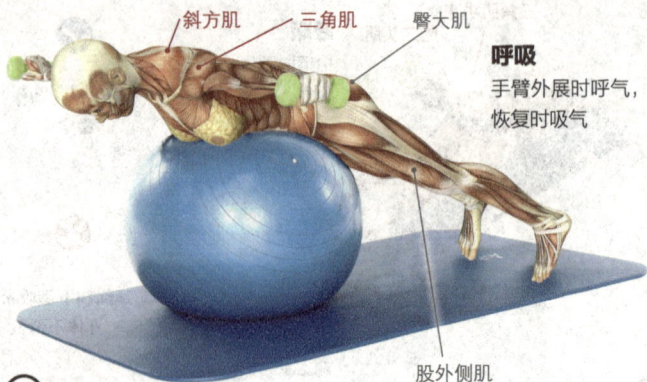

斜方肌　　三角肌　　臀大肌

**呼吸**
手臂外展时呼气，
恢复时吸气

股外侧肌

(!) 若肩部或背部存在不适，
则不建议进行此项训练

**起始**

俯卧于瑞士球上，胸腹部贴球，
双臂握哑铃放在瑞士球两侧，双
脚支撑。

**过程**

保持身体平衡，双臂同时侧平举，
至上肢与地面平行。恢复起始姿
势，完成规定的次数。

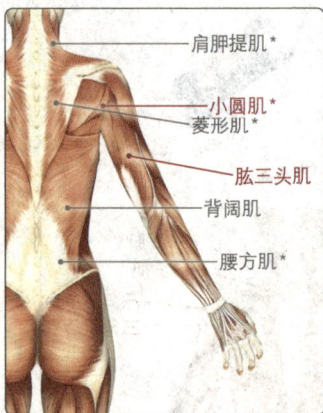

肩胛提肌*

小圆肌*
菱形肌*

肱三头肌

背阔肌

腰方肌*

✔
• 躯干保持挺直
手臂伸直
• 核心收紧

✘
• 颈部和下颌收紧
• 身体重心不稳

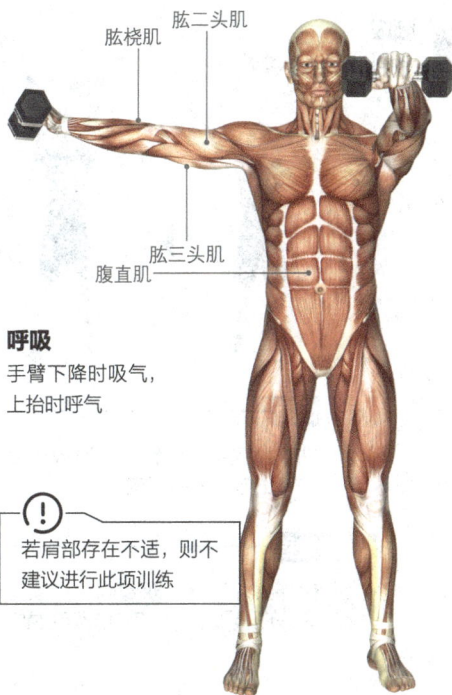

肱桡肌　肱二头肌

肱三头肌
腹直肌

**呼吸**
手臂下降时吸气，
上抬时呼气

若肩部存在不适，则不
建议进行此项训练

- 双臂保持伸直
- 背部保持挺直

- 双臂动作不同步
- 哑铃高于肩部
- 双肩上耸

哑铃前侧平举

**起始**

站立，双脚间距与肩同宽，双手
握哑铃自然垂落于身体两侧，目
视前方。

**过程**

保持身体稳定，一侧手臂向前平
举哑铃，另一侧手臂向同侧平举
哑铃，双手将哑铃举至与肩齐平。
恢复起始姿势，完成规定的次数。

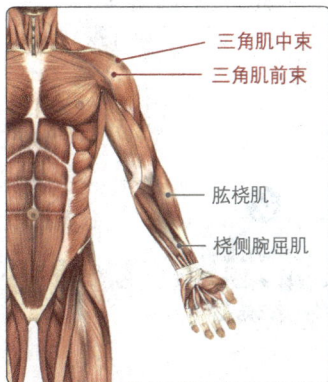

三角肌中束
三角肌前束

肱桡肌
桡侧腕屈肌

23

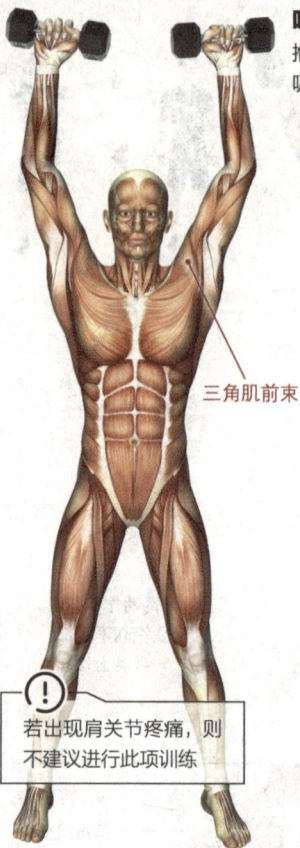

# 哑铃肩上推举

**呼吸**

推举时呼气，恢复时
吸气

三角肌前束

若出现肩关节疼痛，则
不建议进行此项训练

## 起始

站立，双手握哑铃，屈肘放于肩
关节上方，掌心向前。

## 过程

保持身体稳定，双臂同时过顶上
举。恢复起始姿势,完成规定次数。

肩胛提肌 *

斜方肌

肱三头肌

✓
- 双臂同时推举
- 保持身体稳定
- 背部挺直

✗
- 身体晃动
- 双臂前后晃动

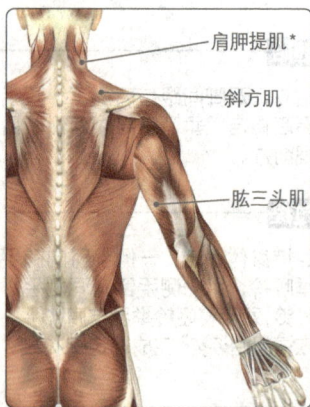

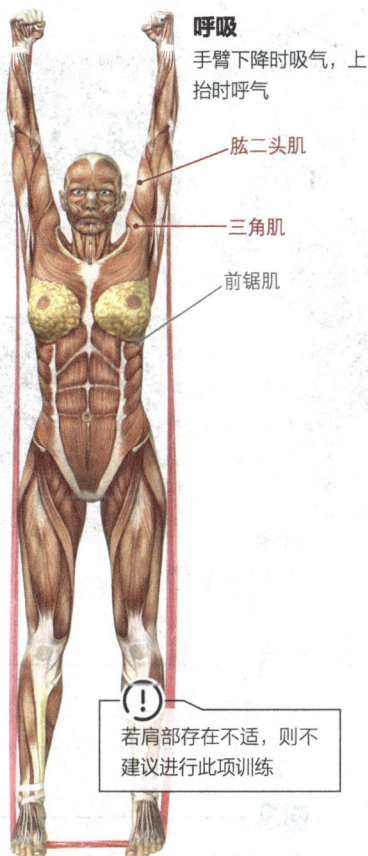

**呼吸**
手臂下降时吸气，上
抬时呼气

肱二头肌

三角肌

前锯肌

**弹力带肩上推举**

（！）若肩部存在不适，则不
建议进行此项训练

起始

站立，双脚分开，踩住弹力带中
间位置。双手握住弹力带两端，
弯举至肩部位置。

过程

保持身体姿势不变，双臂向上拉
伸弹力带至手臂完全伸展。有控
制地恢复起始姿势，完成规定的
次数。

肩胛提肌 *
斜方肌
菱形肌 *
肱三头肌

✔
• 双臂同时推举
• 核心收紧

✘
• 身体晃动
• 肩部上耸

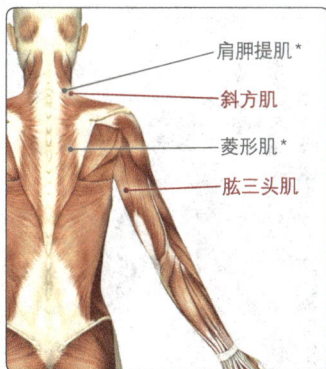

25

器械肩上推举

肱二头肌

三角肌
前束

**呼吸**
手臂上推时呼气，
恢复时吸气

！若肩部存在不适，则不
建议进行此项训练

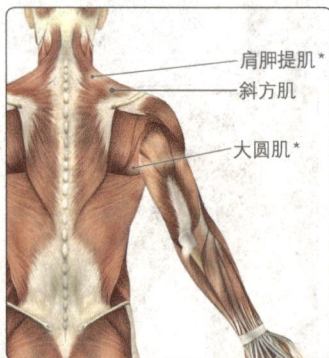

**起始**

由坐姿开始，上身挺直，背部紧
靠椅背，双脚撑地，手握把手，
手腕直立。

**过程**

向上推起把手。双臂向上推起至
手臂伸直，稍作停顿，恢复起始
姿势。完成规定次数。

肩胛提肌*
斜方肌

大圆肌*

✓
• 后背和臀部紧
贴座椅

✗
• 肩部上耸

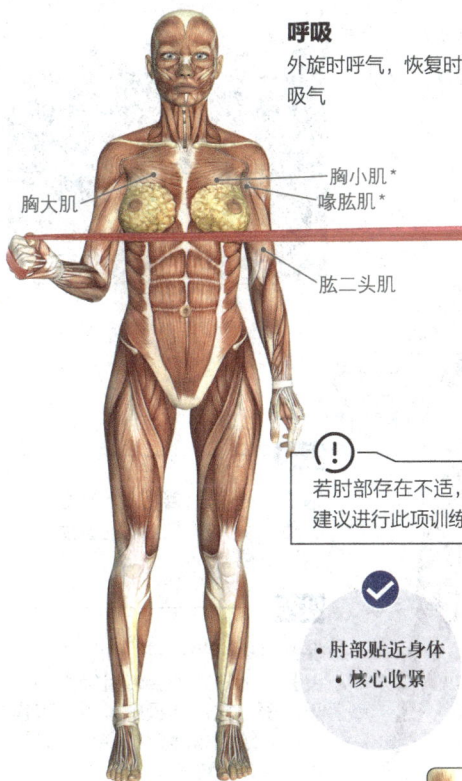

**呼吸**
外旋时呼气，恢复时
吸气

胸小肌*

胸大肌 — 喙肱肌*

肱二头肌

弹力带肩外旋

（！）
若肘部存在不适，则不
建议进行此项训练

✓
• 肘部贴近身体
• 核心收紧

✗
• 上身不稳
• 双腿移动
• 肩部上耸

**起始**

站立，一侧手臂向内弯曲至肘关节屈曲 90
度，手紧握弹力带一端，弹力带另一端固
定在体侧等高的其他物体上，另一侧手臂
自然垂落于身侧。

**过程**

保持身体姿势不变，训练侧前臂向外旋转，
拉伸弹力带至体侧，保持 1~2 秒。有控制
地恢复起始姿势，完成规定的次数。对侧
亦然。

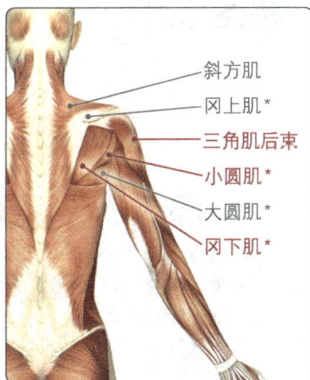

斜方肌

冈上肌*

三角肌后束

小圆肌*

大圆肌*

冈下肌*

## 绳索肩外旋

**呼吸**

外旋时呼气，恢复时吸气

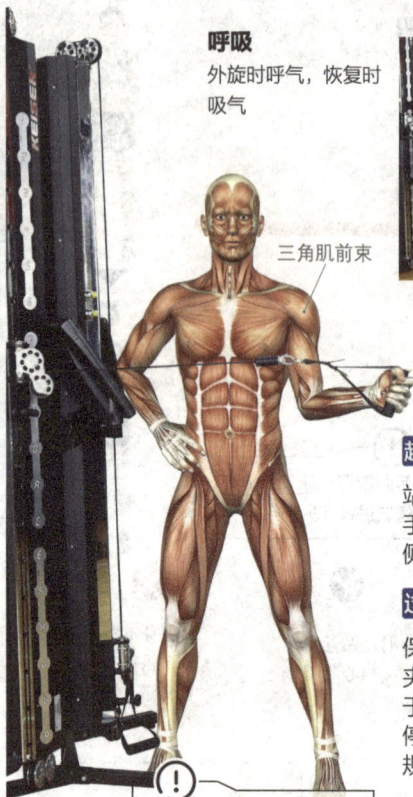

三角肌前束

**起始**

站立，一侧手臂屈肘约 90 度，手握把手，横于上腹前位置，对侧手扶腰。

**过程**

保持身体姿势不变，训练侧上臂夹紧，前臂向外旋转且始终平行于地面。拉伸至极限位置，稍作停顿，缓慢恢复起始姿势。完成规定次数，对侧亦然。

(!) 若出现肩关节疼痛，则不建议进行此项训练

冈上肌*
冈下肌*
三角肌后束
小圆肌*
大圆肌*
菱形肌*

✓
• 上臂及肘关节靠近躯干
• 前臂与地面平行

✗
• 背部拱起
• 上臂向上抬起

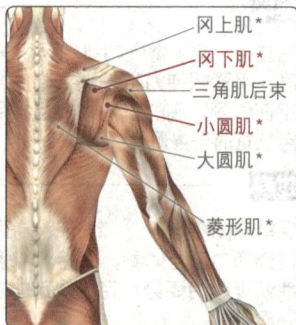

**三角肌**

肘肌

腹直肌

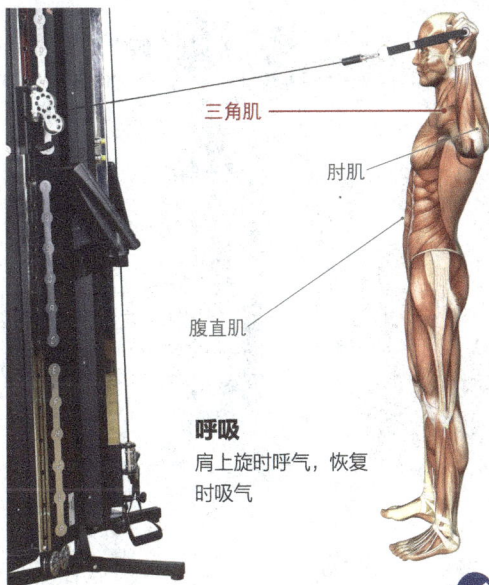

**呼吸**
肩上旋时呼气,恢复
时吸气

⊘ ✗

! 若出现肘关节疼痛,则
不建议进行此项训练

✓
• 上臂尽量保持
不动

✗
• 手臂晃动
• 身体后仰
• 肩部上耸

**起始**

面向器械站立,双脚开立,略比肩宽。
一侧手扶髋,另一侧手臂前伸平举,与
肩同高,手握把手,掌心向下。保持身
体姿势不变,屈肘后拉,至上臂与肩部
齐平。同时保持手臂与地面平行。

斜方肌
冈上肌*
**三角肌**
菱形肌*

**过程**

手臂向上旋转至头部一侧,此时掌心向
前。稍作停顿,恢复起始姿势。完成规
定次数,对侧亦然。

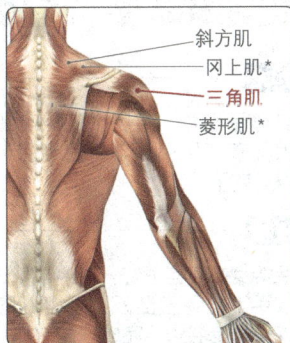

29

**绳索肩内收**

胸大肌　三角肌

**呼吸**
手臂向下内收时呼气，恢复时吸气

! 若出现肩关节疼痛，则不建议进行此项训练

✓
• 双脚保持固定
• 手臂与躯干在同一平面

✗
• 肩部上耸
• 双脚移动位置

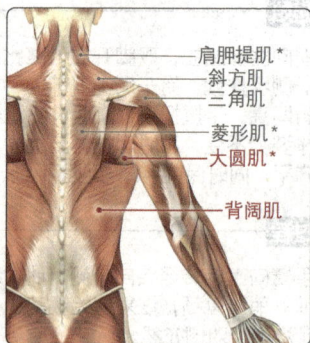

肩胛提肌*
斜方肌
三角肌
菱形肌*
大圆肌*
背阔肌

**起始**

身体呈坐姿，上身挺直，双脚撑地。双臂伸直侧平举，与肩同高，手握把手，掌心向下。

**过程**

保持身体姿势不变，双臂伸直，肩部放松，双手下拉绳索至髋部两侧，稍作停顿，恢复起始姿势。完成规定次数。

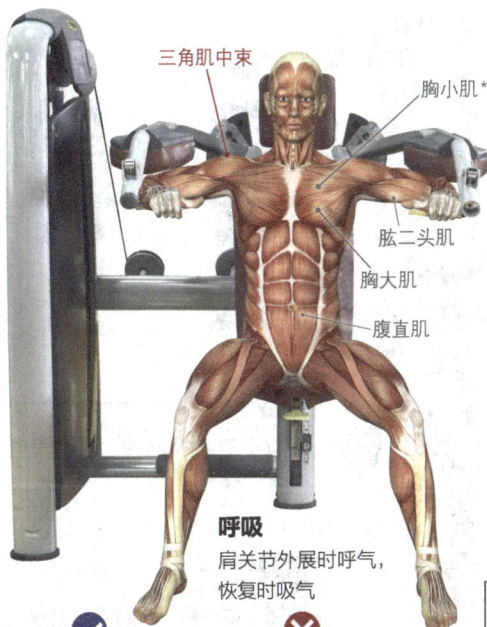

三角肌中束

胸小肌*

肱二头肌

胸大肌

腹直肌

**器械肩外展**

**呼吸**

肩关节外展时呼气，恢复时吸气

• 后背和臀部紧贴座椅
• 肘关节上侧紧贴支撑垫

• 双肩上耸
• 上身前倾

若出现肘关节疼痛，则不建议进行此项训练

斜方肌

竖脊肌*

背阔肌

**起始**

坐于器械上，调整座椅位。膝关节屈曲，双脚支撑于地面，躯干紧靠椅背，肘部上侧紧贴支撑垫，双手握紧两侧把手。

**过程**

保持身体姿势不变，挺胸收腹，肩关节外展，肘关节上侧对抗支撑垫，直至上臂接近水平，然后恢复起始姿势。完成规定次数。

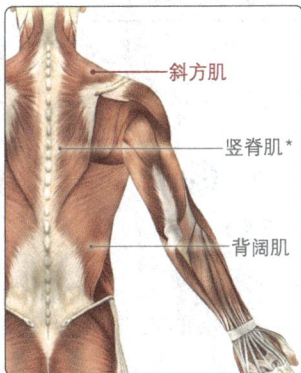

31

**哑铃耸肩**

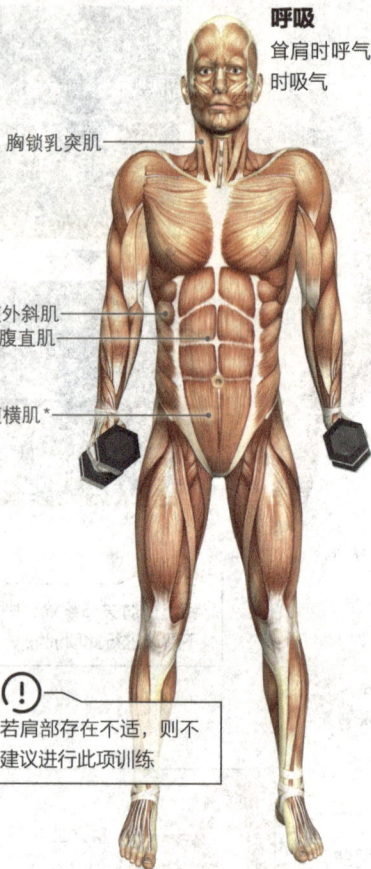

**呼吸**
耸肩时呼气，恢复
时吸气

胸锁乳突肌

腹外斜肌
腹直肌

腹横肌*

**起始**

站立，双手握哑铃，自然垂落
于身体两侧，掌心相对。

**过程**

保持身体姿势，双肩同时上耸。
恢复起始姿势，完成规定的
次数。

若肩部存在不适，则不
建议进行此项训练

头夹肌*
肩胛提肌*
斜方肌

冈上肌*
菱形肌*
大圆肌*

竖脊肌*

•背部平直

•肩部直上直下
运动

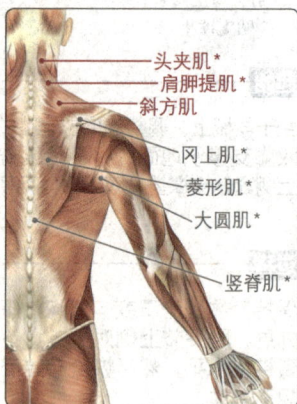

**呼吸**
全程均匀呼吸

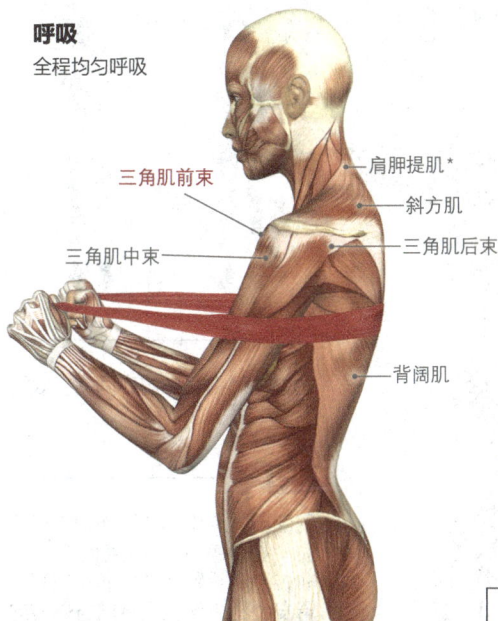

三角肌前束

肩胛提肌*
斜方肌
三角肌后束

三角肌中束

背阔肌

弹力带肩胛骨运动

● ● ●

若肩部存在不适，则不建议进行此项训练

✓
• **核心收紧**
• **背部挺直**
• **胸部发力**

✗
• **腰部拱起**
• **头部向下**

**起始**

站立，双臂向上弯曲，双手分别紧握弹力带一端，使弹力带从背部的肩胛骨处绕过，保持弹力带绷直但不拉伸。

胸大肌

**过程**

保持身体姿势不变，双臂向内拉伸弹力带，带动肩胛骨扩张。恢复起始姿势，完成规定的次数。

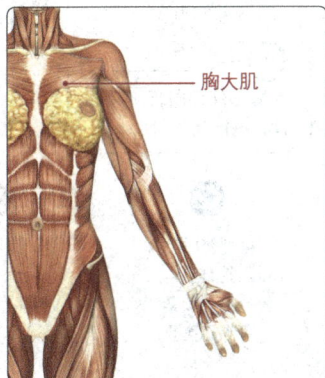

33

**肩部拉伸**

**呼吸**
全程均匀呼吸

胸锁乳突肌

三角肌后束

肱三头肌

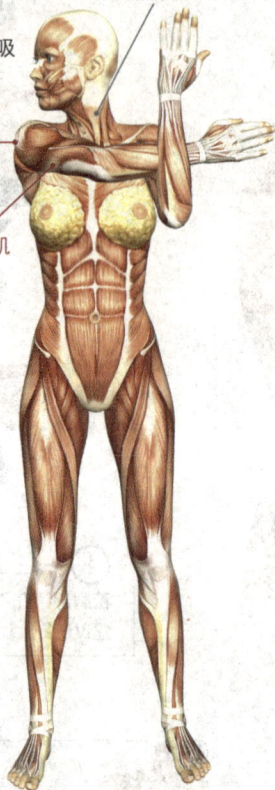

## 起始

站立，双脚开立与肩同宽，双臂自然下垂，目视前方。

## 过程

肩部自然放松，非拉伸侧手臂屈肘，拉伸侧手臂伸直抬起置于非拉伸侧手臂上方。非拉伸侧手臂发力将拉伸侧手臂向身体方向拉，同时头部向拉伸侧扭转，保持动作至规定时间。对侧亦然。

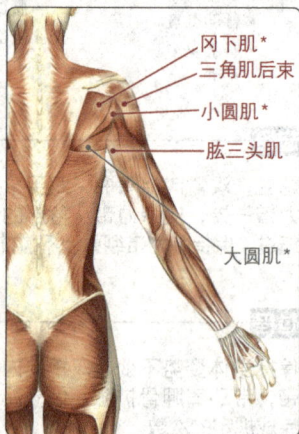

冈下肌*
三角肌后束
小圆肌*
肱三头肌

大圆肌*

⚠ 若肩部存在损伤，则不建议进行此项训练

✔
• 拉伸侧肘部保持伸直
• 核心收紧
• 背部挺直

✖
• 肩部上耸

第3章

胸部训练

## 杠铃卧推

胸大肌

肱二头肌

腹直肌

腹横肌*

**呼吸**
手臂推起时呼气，
恢复时吸气

! 若出现肘关节疼痛，则
不建议进行此项训练

✓ • 卧推轨迹在
胸部的正上方
• 背部挺直
• 核心收紧

✗ • 手腕弯曲
• 负荷过大
• 臀部向上抬起

### 起始

仰卧于卧推架，双脚支撑于地面。
双手正握杠铃杆于胸部正上方，
握距略比肩宽，手臂屈肘，下放
杠铃至胸部位置。

### 过程

胸部发力，双臂向上推起，稍作
停顿，恢复起始姿势。完成规定
次数。

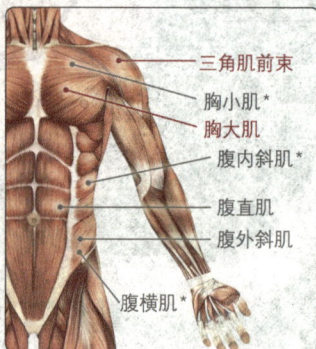

三角肌前束

胸小肌*

胸大肌

腹内斜肌*

腹直肌

腹外斜肌

腹横肌*

**呼吸**
手臂推起时呼气，
恢复时吸气

肱三头肌

胸大肌

腹直肌

杠铃上斜卧推

！ 若出现肘关节疼痛，则
不建议进行此项训练

✓
• 手腕保持竖直
• 卧推轨迹在
肩部的上方

✕
• 手腕弯曲
• 肘关节锁死

**起始**
仰卧于上斜卧推架，双脚脚跟支
撑于地面。双手正握杠铃杆于肩
部上方，握距略比肩宽，手臂屈
肘下放杠铃至肩部。

**过程**
保持身体姿势不变，双臂向上推
举至手臂伸直，稍作停顿，恢复
起始姿势。完成规定次数。

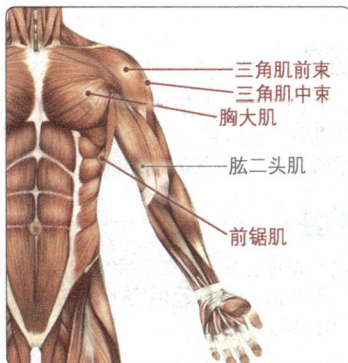

三角肌前束
三角肌中束
胸大肌

肱二头肌

前锯肌

37

**哑铃上斜卧推**

若出现肘关节疼痛，则不建议进行此项训练

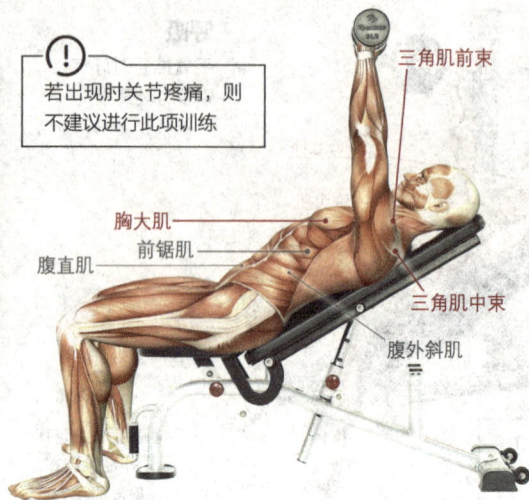

三角肌前束

胸大肌
前锯肌
腹直肌

三角肌中束

腹外斜肌

**呼吸**
上举时呼气，恢复时吸气

✓
• 头部紧贴椅背
• 背部保持平直

✗
• 头部上抬
• 肘关节锁死

斜方肌

肱三头肌

**起始**

调节训练椅至上斜 30~45 度，身体仰卧于训练椅上，双手握哑铃，双臂屈肘，哑铃位于肩部前方。

**过程**

双臂同时上举至肘关节完全伸展，双臂伸直。恢复起始姿势，完成规定次数。

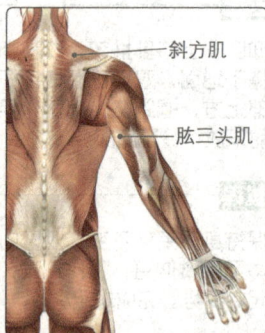

**胸大肌** 腹直肌

**呼吸**
手臂推起时呼气,
恢复时吸气

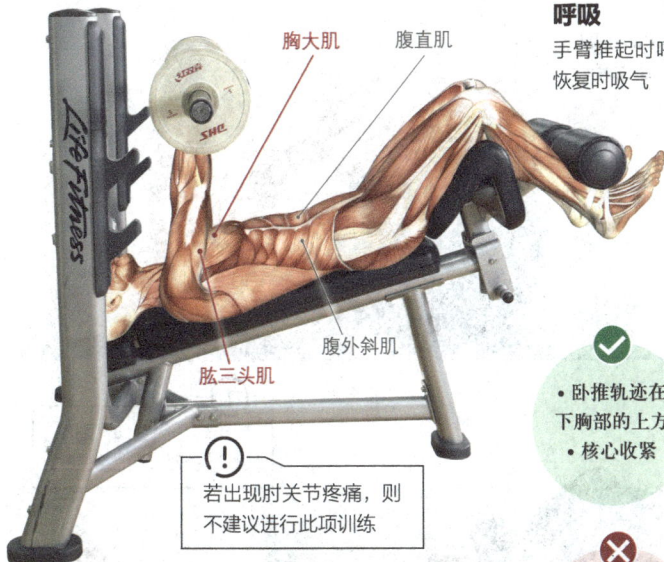

**肱三头肌**
腹外斜肌

杠铃下斜卧推

！ 若出现肘关节疼痛,则
不建议进行此项训练

✓
• 卧推轨迹在
下胸部的上方
• 核心收紧

✗
• 腕关节弯曲
• 肘关节锁死

起始

仰卧于下斜卧推架。双手正握杠
铃杆,握距略比肩宽,手臂屈肘
下放杠铃至下胸部。

过程

胸部发力,双臂稳定向上推举杠
铃至手臂伸直。恢复起始姿势,
完成规定次数。

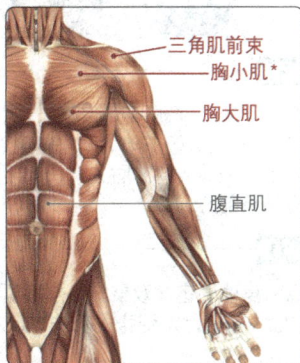

三角肌前束
胸小肌*
胸大肌

腹直肌

## 哑铃瑞士球卧推

**呼吸**
手臂下降时吸气，向上推举时呼气

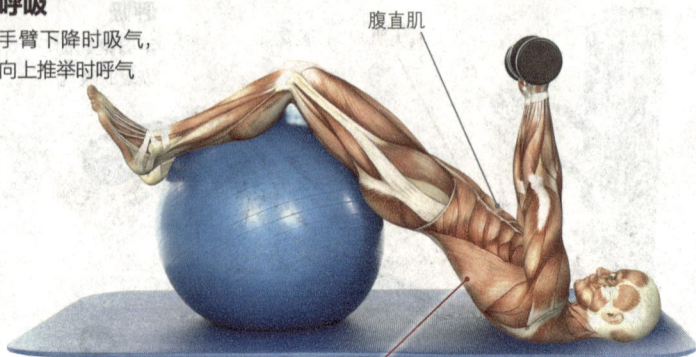

腹直肌

背阔肌

(!) 若出现颈部疼痛，则不建议进行此项训练

✓
• 髋关节保持稳定
• 背部保持挺直

✗
• 向下塌腰
• 髋关节弯曲

三角肌前束
胸大肌
肱二头肌
腹外斜肌
腹直肌

**起始**
仰卧，瑞士球置于双腿下方，肩关节支撑于垫面。躯干与大腿呈一条直线。双手握哑铃，弯曲肘关节，双手放在肩关节前方。

**过程**
保持身体稳定，双臂向上推举至手臂伸直。恢复起始姿势，完成规定次数。

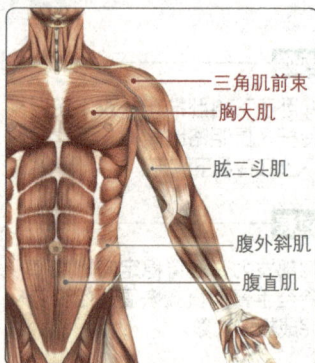

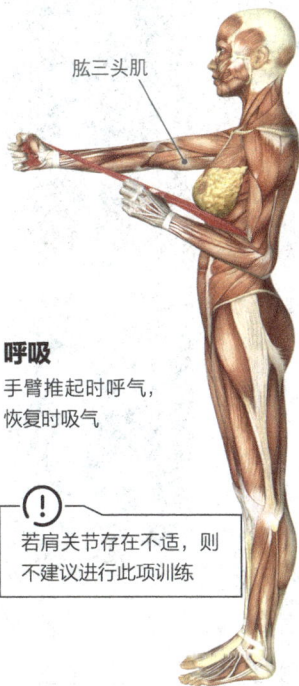

胘三头肌

**呼吸**

手臂推起时呼气，
恢复时吸气

( ! )

若肩关节存在不适，则
不建议进行此项训练

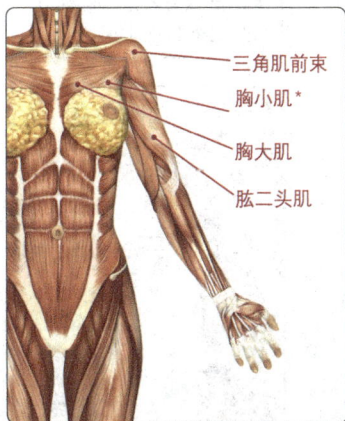

三角肌前束
胸小肌*
胸大肌
胘二头肌

弹力带交替胸前推

**起始**

由站立姿势开始，双手置于胸
前并分别紧握弹力带一端，使
弹力带从背部绕过，保持弹力
带绷直但不拉伸。

**过程**

保持身体姿势不变，一侧手向
前拉伸弹力带至手臂完全伸
直。恢复至起始姿势，换对侧
重复。双臂交替进行，完成规
定的次数。

✓
• 核心收紧
• 双臂水平前推

✗
• 身体前倾
• 肩部上耸

41

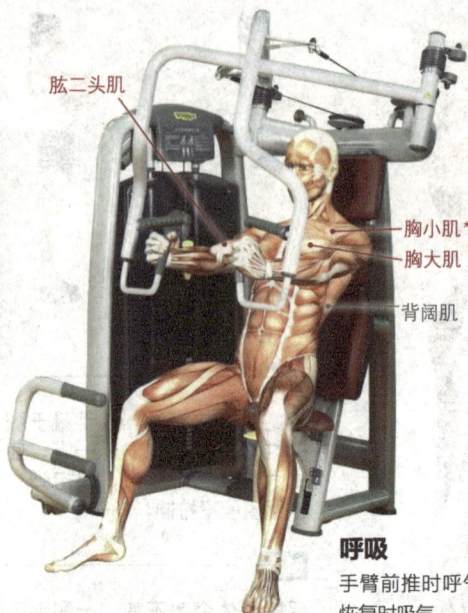

## 器械推胸

肱二头肌

胸小肌*
胸大肌
背阔肌

**呼吸**
手臂前推时呼气，
恢复时吸气

✔ • 后背和臀部
紧贴座椅

✘ • 头部前倾，
抬离椅背

❗ 若肩部存在不适，则不
建议进行此项训练

肩胛提肌*

肱三头肌

### 起始

坐于器械上，头部、上背部紧贴椅背，
双脚撑地，双手握紧把手。

### 过程

保持挺胸收腹，双臂前推至手臂完全伸
展，稍作停顿。有控制地恢复起始姿势，
完成规定的次数。

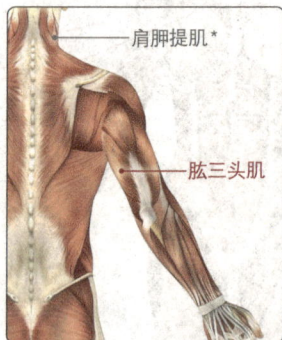

**呼吸**

手臂推起时呼气，
恢复时吸气

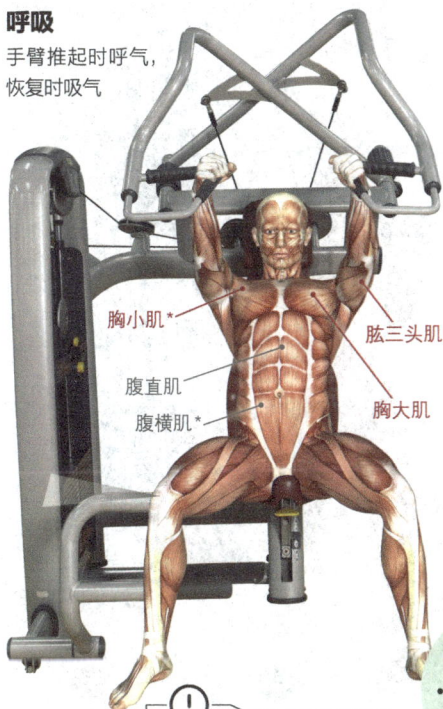

器械上斜推胸

胸小肌*

腹直肌

腹横肌*

肱三头肌

胸大肌

- 核心收紧
- 后背和臀部紧
贴座椅

- 身体前倾
- 双臂完全伸直

若肩部存在不适，则不
建议进行此项训练

**起始**

坐于器械上，身体紧贴椅背，双手握把手。

**过程**

保持身体姿势不变，胸部与手臂发力，
双臂向上推起至顶端，肘关节不要弯曲。
缓慢恢复起始姿势，完成规定的次数。

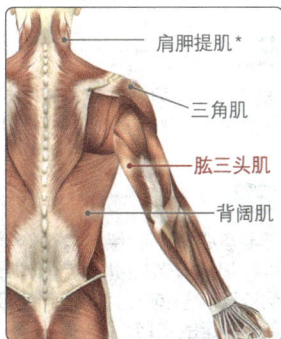

肩胛提肌*

三角肌

肱三头肌

背阔肌

43

## 绳索夹胸

肱二头肌　胸小肌*　胸大肌

三角肌

**呼吸**
手臂前推时呼气，
恢复时吸气

⚠️ 若肩部存在不适，则不
建议进行此项训练

✅
• 保持手臂稳定
• 保持核心收紧

❌
• 身体扭动
• 双肩上耸

### 起始

站立，双脚前后站立。将器械把手
设置为与胸部同高，双手持握把手。

### 过程

双手掌心向下，保持身体姿势，伸
展肘部，双臂前推至完全伸直，双
手位于胸部前方。恢复起始姿势，
完成规定的次数。

**呼吸**

手臂下拉时呼气，
恢复时吸气

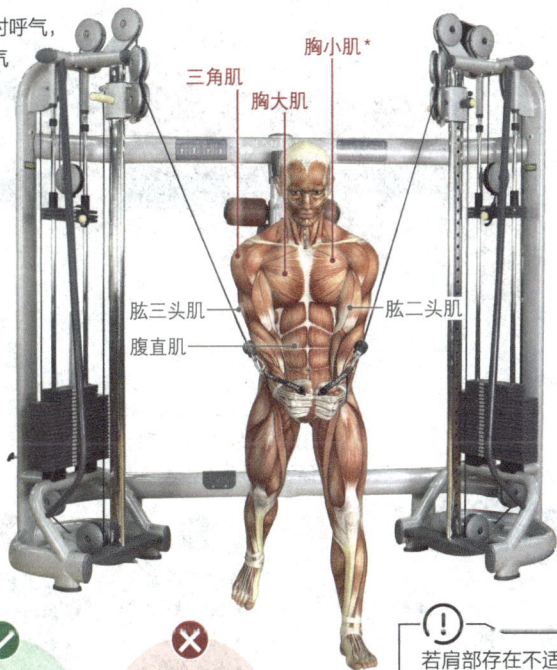

三角肌
胸大肌
胸小肌*

肱三头肌
腹直肌
肱二头肌

绳索下斜夹胸

✔ ・手臂保持稳定

✘
・背部拱起
・上身下俯
・前臂过度发力

! 若肩部存在不适，则不
建议进行此项训练

**起始**

以弓步姿势站立于龙门架中间位
置。双手紧握把手，上臂与肩齐平，
略微屈肘，掌心相对。

**过程**

胸部发力，双臂由上向下拉把手至
核心前方，双手靠拢。恢复起始姿
势，完成规定的次数。

45

哑铃飞鸟

**呼吸**
双臂打开时吸气,
恢复时呼气

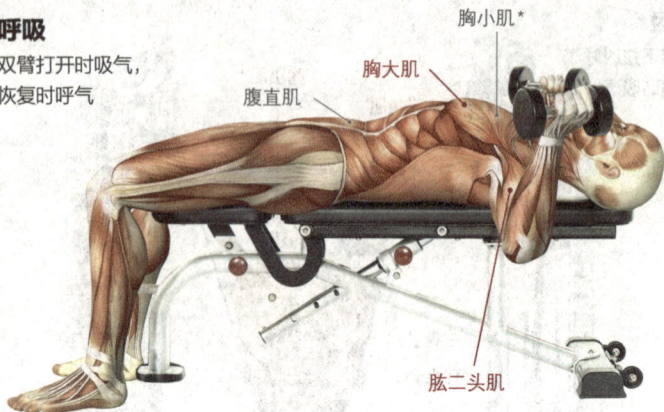

胸小肌*

胸大肌

腹直肌

肱二头肌

! 若出现肩关节疼痛,则
不建议进行此项训练

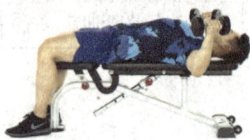

✓
- 肩胛骨收紧
- 肩部放松
- 核心收紧
- 背部挺直

✗
- 头部上抬
- 肩部肌肉紧绷
- 双脚向上抬起

斜方肌

三角肌

肱三头肌

**起始**

仰卧在训练椅上,双手握哑铃,掌
心相对,双臂伸直,距离约与肩同宽。
躯干与大腿呈一条直线。

**过程**

双臂打开至肘部尽可能与肩膀高度
一致,做飞鸟练习。恢复起始姿势,
完成规定次数。

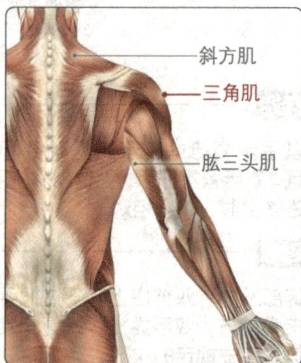

**呼吸**

双臂打开时呼气，
恢复时吸气

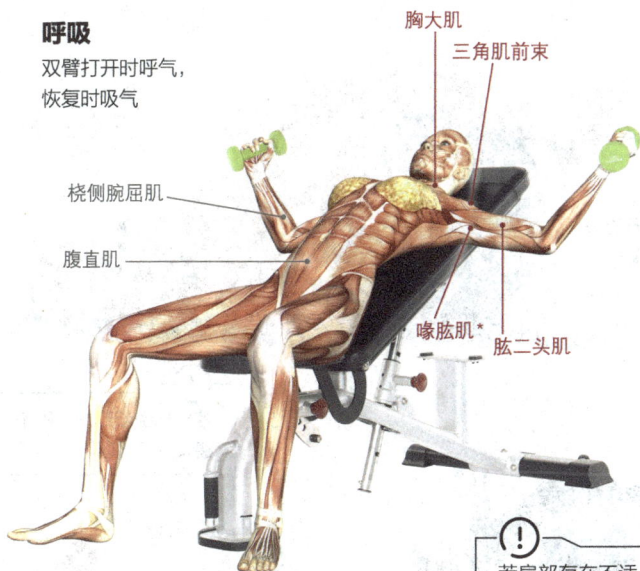

胸大肌

三角肌前束

桡侧腕屈肌

腹直肌

喙肱肌 *

肱二头肌

哑铃上斜飞鸟

! 若肩部存在不适，则不
建议进行此项训练

**起始**

调整训练椅为上斜 30~45 度，坐在
训练椅上，身体仰卧。双臂握哑铃，
手臂伸直，垂直于地面。

**过程**

双臂向两侧打开，做飞鸟动作，至
上臂与地面平行。恢复起始姿势，
完成规定的次数。

✓
• 保证双肘位于
同一水平面

✗
• 下颌前伸
• 头部离开椅背
• 肘部过度弯曲

47

哑铃瑞士球飞鸟

腹直肌
胸大肌
胸小肌 *

**呼吸**
双臂打开时呼气,
恢复时吸气

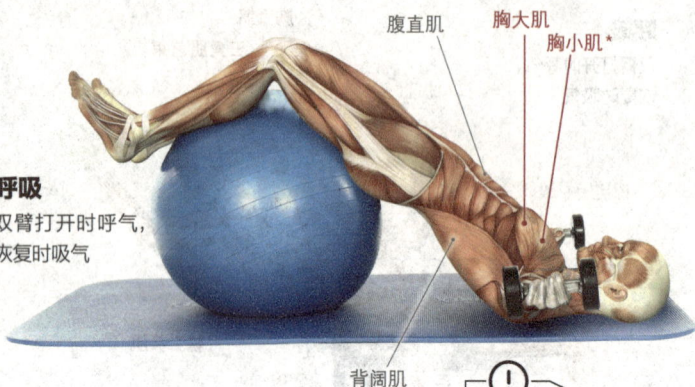

背阔肌

(!) 若出现颈部疼痛,则不
建议进行此项训练

(✓) · 核心收紧
· 髋关节保持稳定

(✗) · 髋部下塌
· 背部拱起

**起始**

仰卧,瑞士球置于双腿下方,肩关
节支撑于垫面。躯干与大腿呈一条
直线。双手握哑铃,双臂伸直,掌
心相对。

**过程**

保持身体稳定,双臂向两侧打开做
飞鸟动作。恢复起始姿势,完成规
定次数。

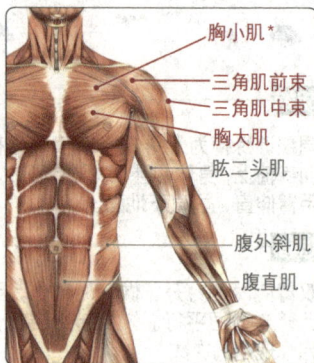

胸小肌 *
三角肌前束
三角肌中束
胸大肌
肱二头肌
腹外斜肌
腹直肌

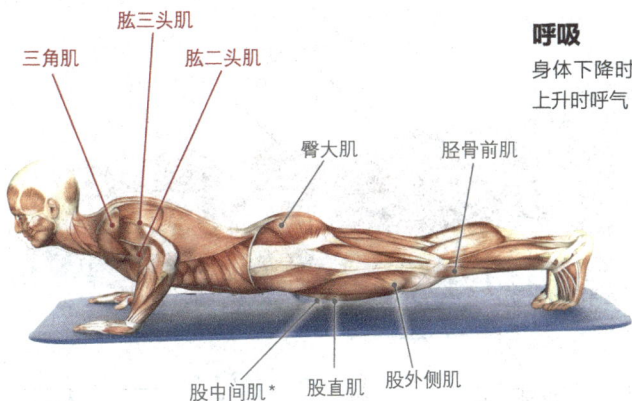

胘三头肌

三角肌　　胘二头肌

臀大肌　　胫骨前肌

**呼吸**

身体下降时吸气，
上升时呼气

俯卧撑

股中间肌*　股直肌　股外侧肌

> (!) 若肩部或上肢存在不适，
> 则不建议进行此项训练

✓
- 核心收紧
- 身体呈一条直线

✗
- 臀部下塌
- 背部拱起

胸大肌

前锯肌

腹直肌

腹外斜肌

腹内斜肌*

腹横肌*

髂腰肌*

**起始**

俯卧，双手、双脚撑于垫面，双手
与肩同宽，双脚并拢。腰背部保持
挺直，身体呈一条直线。

**过程**

保持核心收紧，双臂屈肘，身体向
下至上臂与肩齐平。双臂发力，将
身体向上撑起，恢复起始姿势。完
成规定的次数。

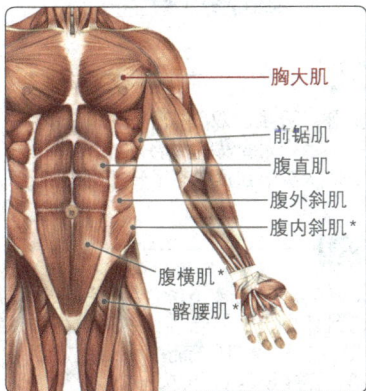

**宽距俯卧撑**

**呼吸**

身体上升时呼气，
下降时吸气

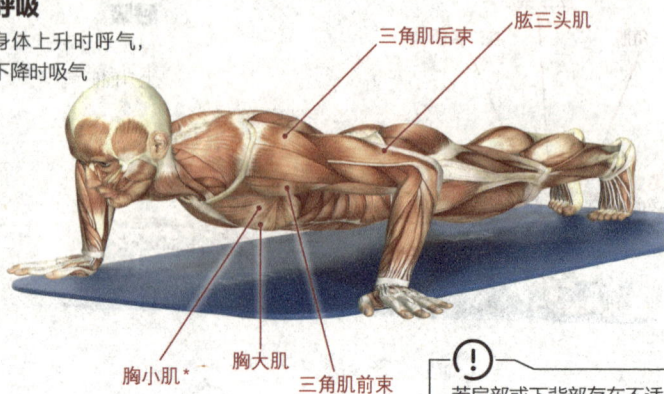

三角肌后束

肱三头肌

胸小肌*

胸大肌

三角肌前束

⚠ 若肩部或下背部存在不适，则不建议进行此项训练

✔
• 核心收紧
• 背部保持平直

✖
• 臀部下塌
• 背部拱起

胸大肌

肱二头肌

腹直肌

腹外斜肌

腹内斜肌*

腹横肌*

髂腰肌*

**起始**

俯卧，双手、双脚撑于垫上，双手的间距约为肩宽的两倍，手臂伸直，身体从头部到踝关节呈一条直线。

**过程**

双臂屈肘，身体下降，至胸部几乎碰到垫面，上臂与前臂的夹角约为90度。双臂向上撑起，恢复起始姿势。完成规定的次数。

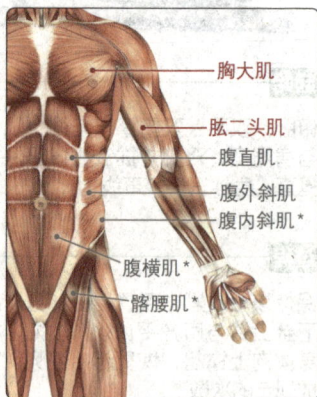

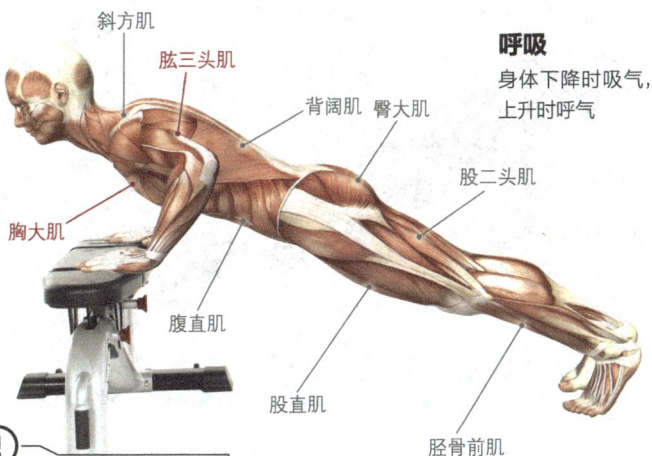

斜方肌

**肱三头肌**

背阔肌　臀大肌

股二头肌

**胸大肌**

腹直肌

股直肌

胫骨前肌

**呼吸**
身体下降时吸气，
上升时呼气

上斜俯卧撑

! 若肩部存在不适，则不建议
进行此项训练

✓
• 核心收紧
• 身体呈一条直线

✗
• 臀部上抬
• 双肩上耸

**起始**

俯卧，双脚撑地，双手撑在训练椅
上，双手距离略比肩宽，手臂伸直，
身体从头部到踝关节呈一条直线。

**过程**

双臂屈肘，身体下降，至胸部几乎
碰到训练椅，上臂与前臂的夹角约
为 90 度。双臂向上撑起，恢复起
始姿势。完成规定的次数。

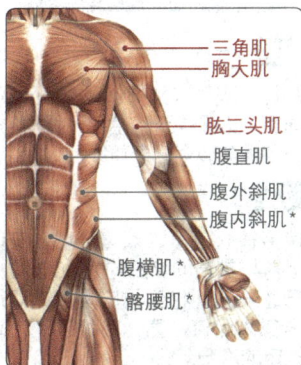

三角肌
胸大肌

肱二头肌
腹直肌
腹外斜肌
腹内斜肌*

腹横肌*

髂腰肌*

51

## 俯卧撑—推起离地

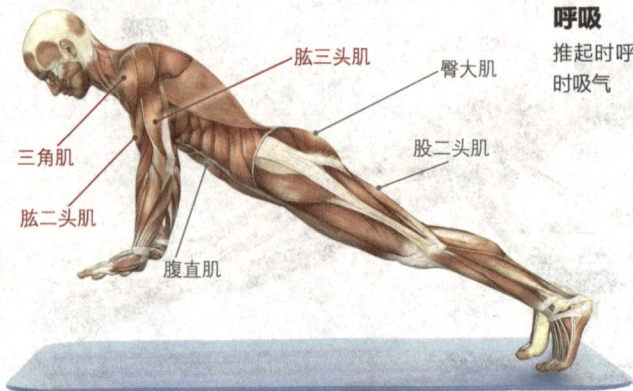

肱三头肌

臀大肌

三角肌

股二头肌

肱二头肌

腹直肌

**呼吸**

推起时呼气，落地时吸气

若腕关节存在不适，则不建议进行此项训练

- 核心收紧
- 躯干处在中立位

- 背部拱起

### 起始

俯卧，双手、双脚撑于垫面，双手与肩同宽，双脚分开。腰背部保持挺直，头部到踝关节呈一条直线。

### 过程

保持核心收紧，双臂屈肘，身体下降至上臂与前臂的夹角约为 90 度。随即双臂迅速发力，将身体向上撑起离地，过程中身体保持挺直。有控制地落地，完成规定的次数。

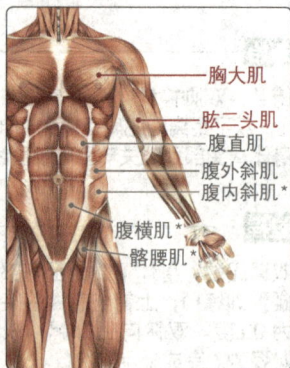

胸大肌

肱二头肌

腹直肌

腹外斜肌

腹内斜肌*

腹横肌*

髂腰肌*

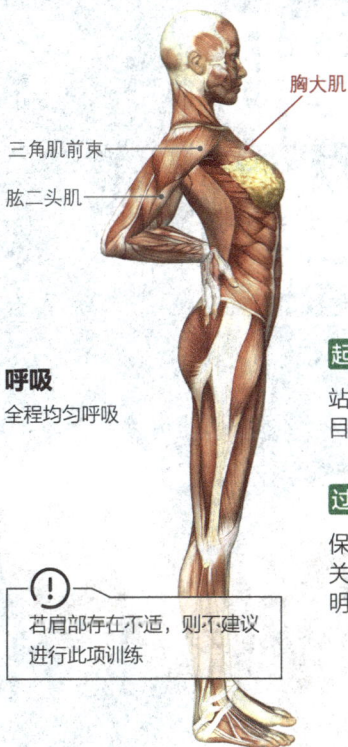

胸大肌

三角肌前束

肱二头肌

**呼吸**
全程均匀呼吸

① 若肩部存在不适，则不建议
进行此项训练

**胸部拉伸**

**起始**

站立，挺胸收腹，双脚分开，与肩同宽，
目视前方。

**过程**

保持身体直立，双手扶于腰部后侧。肩
关节向后展开，向前挺胸，直至胸部有
明显的拉伸感。保持动作至规定时间。

三角肌前束

胸小肌*
胸大肌

腹直肌

✓
• 肘部保持外展
• 核心收紧
• 背部挺直

✗
• 耸肩
• 背部或颈部拱起

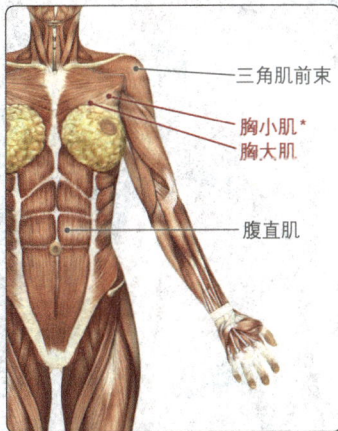

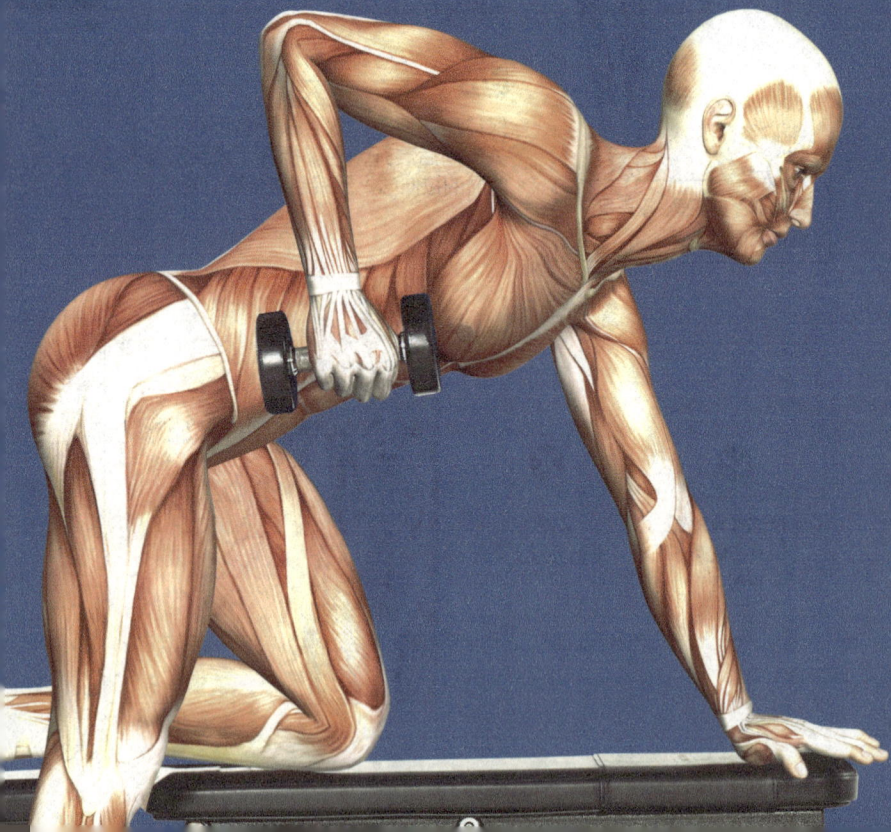

# 第 4 章

# 背部训练

! 若背部存在不适，则不建议进行此项训练

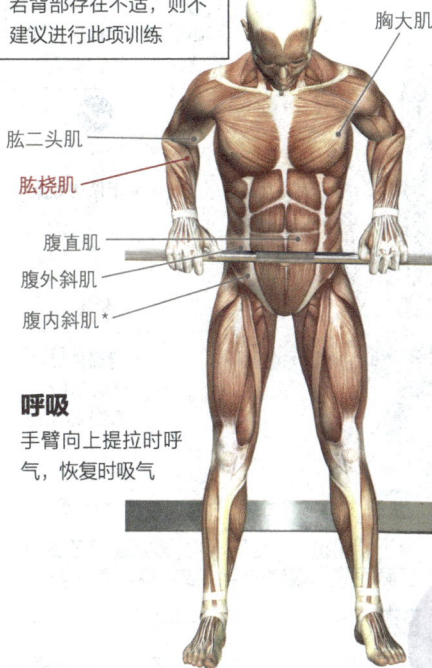

胸大肌

肱二头肌

**肱桡肌**

腹直肌

腹外斜肌

腹内斜肌*

**呼吸**

手臂向上提拉时呼气，恢复时吸气

杠铃划船

✓
- 躯干挺直
- 向核心提拉

✗
- 膝关节锁死
- 膝关节压力过大

**起始**

站立，挺胸收腹，目视前方，双脚分开，与肩同宽，双手扶杠铃。保持背部挺直，上身前俯，双手紧握杠铃，双手间距与肩同宽，膝关节略微弯曲。

**过程**

保持上身稳定，双臂向核心提拉杠铃，至肘关节超过背部。恢复起始姿势，完成规定的次数。

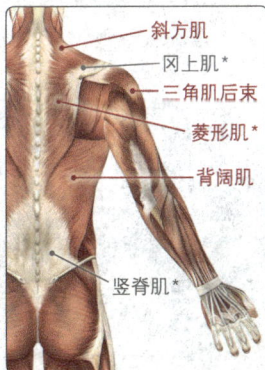

斜方肌

冈上肌*

三角肌后束

菱形肌*

背阔肌

竖脊肌*

55

## 器械划船

**呼吸**

双臂后拉时呼气，恢复时吸气

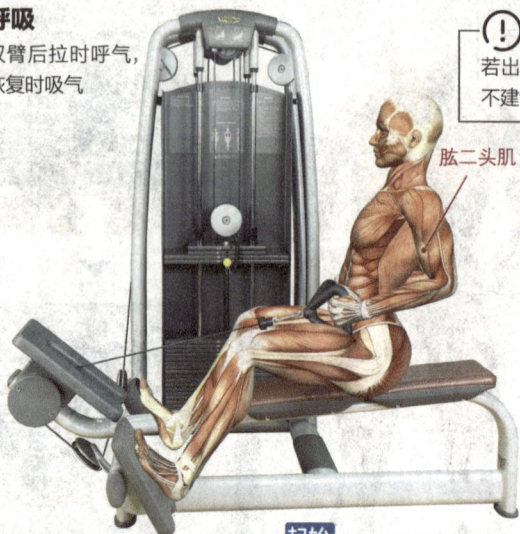

! 若出现肘关节疼痛，则不建议进行此项训练

肱二头肌

✓
• 躯干保持直立

✗
• 背部拱起
• 上身前俯
• 双腿发力

### 起始

坐于划船机上，躯干直立，双脚固定于踏板，屈膝屈髋，双臂伸直，双手握拉力把手。

### 过程

躯干保持直立，下肢固定不动，双臂紧贴于身体两侧，双手向后拉动拉力把手至腹前位置，稍作停顿。恢复起始姿势，完成规定次数。

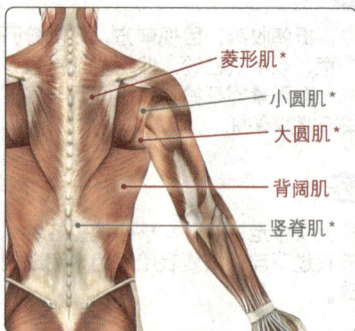

菱形肌*
小圆肌*
大圆肌*
背阔肌
竖脊肌*

**呼吸**

后拉时呼气,
恢复时吸气

胸小肌*

胸大肌

腹直肌

股直肌

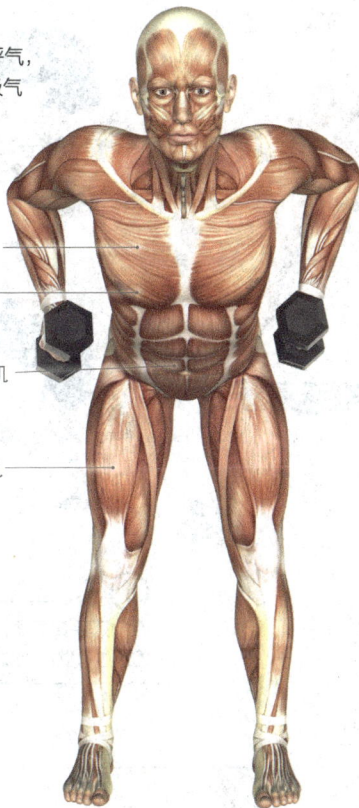

哑铃俯身划船

**起始**

站立,向前俯身,膝盖微屈。
双手握哑铃自然下垂放于
身体两侧,掌心相对。

**过程**

保持身体姿势不变,双手
同时后拉哑铃至髋部两侧,
恢复起始姿势。完成规定
次数。

! 若出现肩关节疼痛,则
不建议进行此项训练

✔
• 保持背部挺直
• 保持核心收紧
• 手臂贴近身体

✘
• 后拉速度过快
• 双肩肌肉紧张

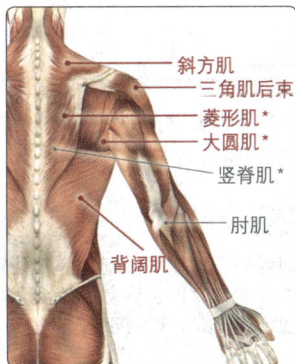

斜方肌
三角肌后束
菱形肌*
大圆肌*
竖脊肌*
肘肌
背阔肌

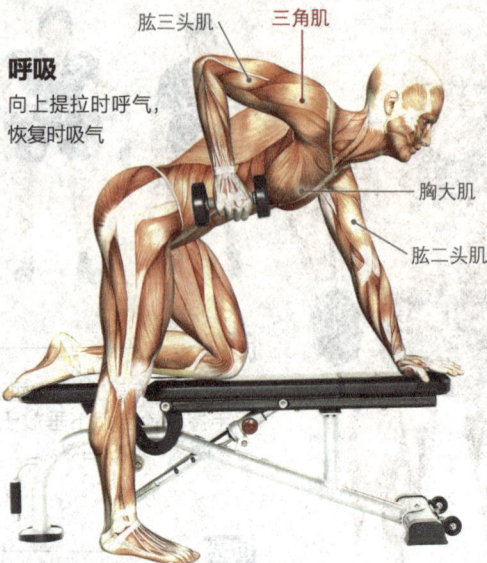

肱三头肌　　　三角肌

**呼吸**
向上提拉时呼气，
恢复时吸气

胸大肌

肱二头肌

哑铃俯身划船—单臂

✓
• 上臂紧贴躯干
• 躯干保持挺直

✗
• 凭借冲力
将哑铃提起

(!) 若背部存在不适，则不
建议进行此项训练

**起始**
一侧手、膝撑在训练椅上，另一侧脚
撑于地面，另一侧手握哑铃自然下垂。

**过程**
训练侧手臂屈肘，向上提拉哑铃至肘
关节超过背部。恢复起始姿势，完成
规定的次数。对侧亦然。

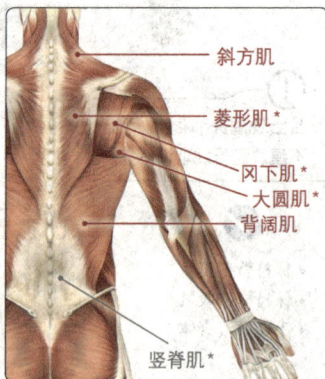

斜方肌

菱形肌*

冈下肌*
大圆肌*
背阔肌

竖脊肌*

三角肌后束

**呼吸**
全程均匀呼吸

三角肌中束

肱三头肌

腰方肌*

胸小肌*

胸大肌

腹直肌

若背部存在不适，则不建议进行此项训练

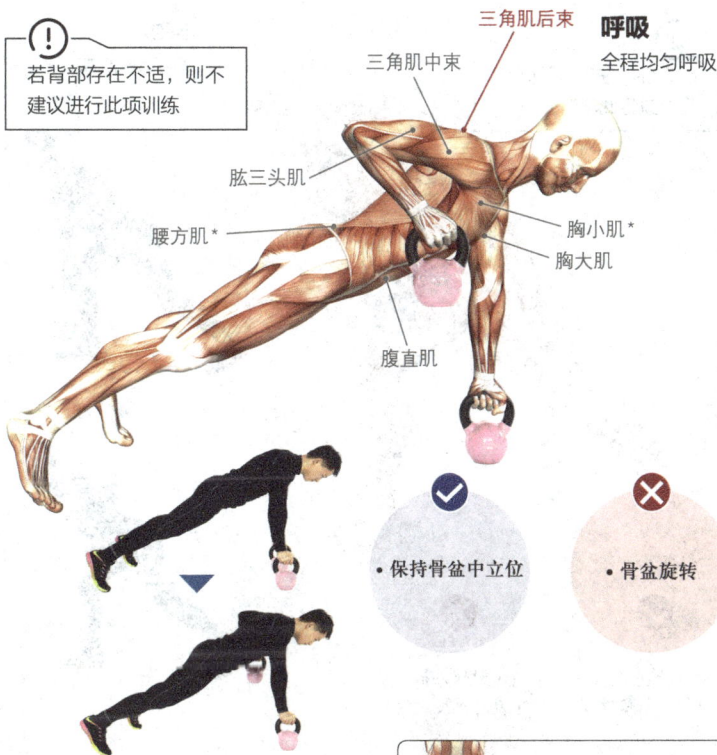

**壶铃交替后拉**

✓
• 保持骨盆中立位

✗
• 骨盆旋转

斜方肌

冈下肌*

菱形肌*

大圆肌*

竖脊肌*

背阔肌

多裂肌*

**起始**

双手各持一个壶铃并紧握把手支撑于地面，双臂伸直，垂直于地面，双脚分开，使用脚尖撑地且身体保持平板姿势。

**过程**

保持身体姿势不变，单臂提拉壶铃至肘关节超过背部，同时保持壶铃底部朝下。手臂下放，恢复至起始姿势。换对侧重复。双臂交替进行，完成规定的次数。

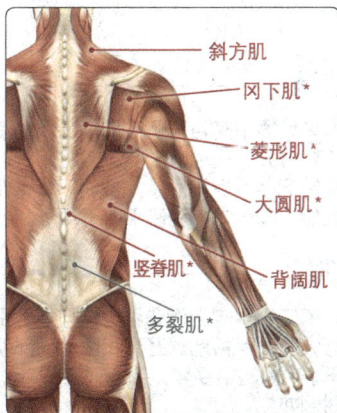

59

## 壶铃俯身划船 - 单臂 ●●

三角肌

**呼吸**
全程均匀呼吸

!
若背部存在不适，则不
建议进行此项训练

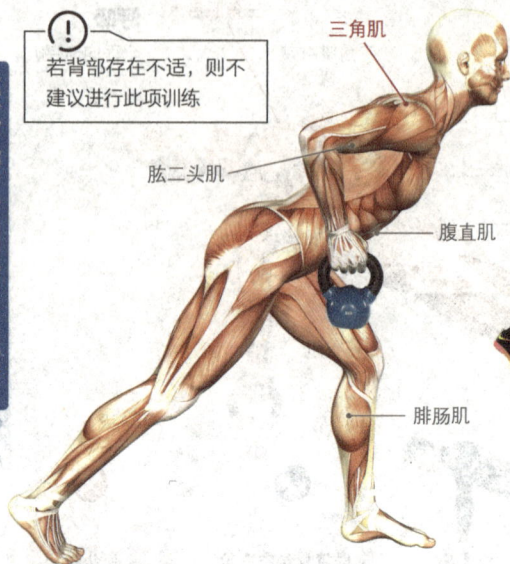

肱二头肌

腹直肌

腓肠肌

✓
• 背部挺直
• 肘关节贴紧身体

✗
• 肘部外扩
• 动作速度过快

### 起始

身体略微下蹲且一侧腿向前跨步，使
双腿分开，呈弓步姿势，对侧手紧握
壶铃把手，保持壶铃底部朝下，手臂
自然下垂。未持铃侧手置于腰侧。

### 过程

训练侧手臂向上弯曲至上臂与地面平
行，同时保持前臂竖直和壶铃底部朝
下。恢复起始姿势，完成规定的次数。
对侧亦然。

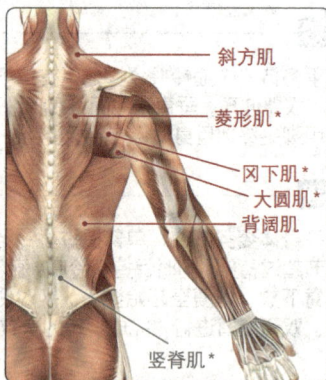

斜方肌

菱形肌*

冈下肌*
大圆肌*
背阔肌

竖脊肌*

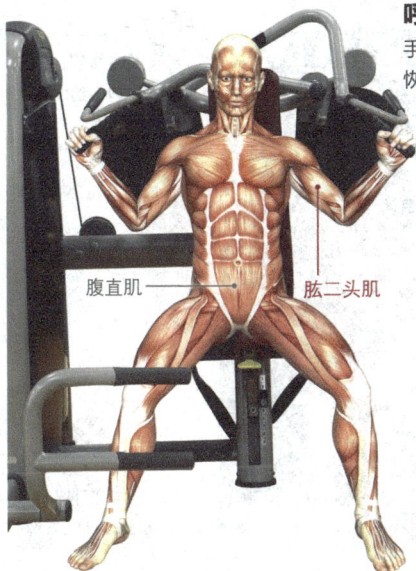

**呼吸**

手臂下拉时呼气，
恢复时吸气

器械下拉

腹直肌 —

— 肱二头肌

若肩部存在不适，则不
建议进行此项训练

✅
- 后背和臀部
  紧贴座椅

❌
- 上身前俯
- 背部拱起

**起始**

坐在训练椅上，上身挺直，双脚撑
地，手握把手，手腕直立。

**过程**

保持身体姿势，胸部前挺，双臂下
拉把手至双手与肩部齐平。恢复起
始姿势，完成规定的次数。

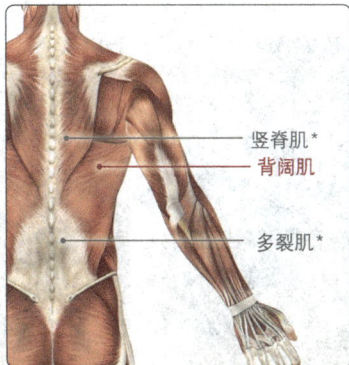

— 竖脊肌*
— 背阔肌

— 多裂肌*

61

# 拉力器下拉—宽握

**呼吸**

双臂下拉时呼气，恢复时吸气

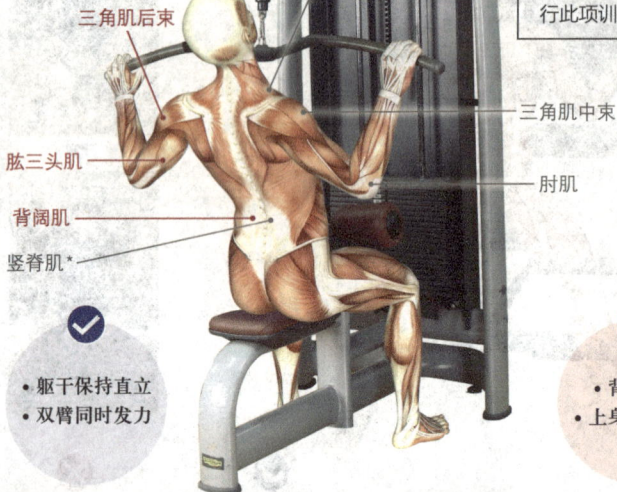

斜方肌

三角肌后束

三角肌中束

肱三头肌

肘肌

背阔肌

竖脊肌*

!  若肩部或背部存在不适，则不建议进行此项训练

✓
• 躯干保持直立
• 双臂同时发力

✗
• 背部拱起
• 上身过度后仰

**起始**

坐于器械上，双脚踏实，背部挺直。双臂伸直，手握握把，双手间距宽于肩。

**过程**

保持身体挺直，挺胸，肩胛骨下沉，双臂屈肘下拉握把至手臂屈肘 90 度。恢复起始姿势，完成规定的次数。

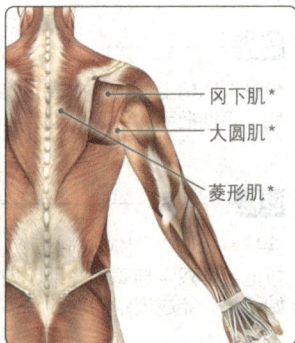

冈下肌*

大圆肌*

菱形肌*

**呼吸**
双臂下拉时呼气，
恢复时吸气

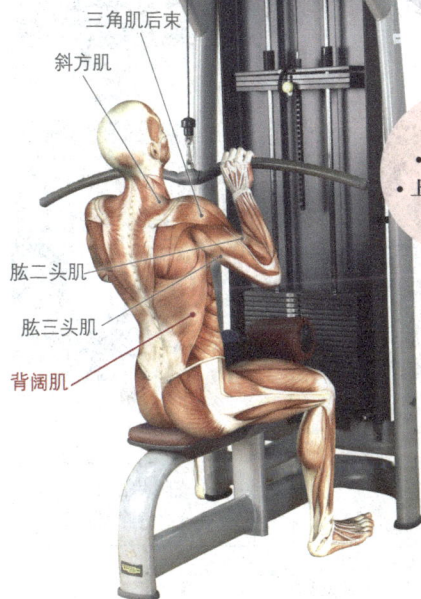

- 躯干保持直立
- 双臂同时发力

- 背部拱起
- 上身过度后仰

三角肌后束
斜方肌
肱二头肌
肱三头肌
背阔肌

拉力器下拉－窄握

若出现肩部疼痛，则不
建议进行此项训练

冈下肌*
菱形肌*
大圆肌*
背阔肌

**起始**

坐于器械上，调整座椅位。膝关节屈出，双
脚支撑于地面，大腿位于横垫下。躯干挺直，
手臂与躯干保持在同一平面，双手正握于
拉力杆，间距与肩同宽。

**过程**

躯干保持挺直，双臂屈肘下拉拉力杆至锁
骨上方。恢复起始姿势，完成规定次数。

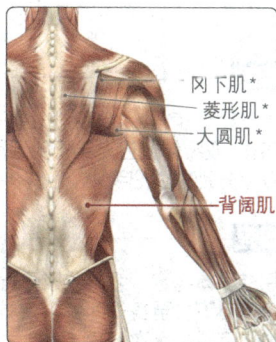

# 绳索跪姿交叉下拉

**呼吸**
手臂交叉下拉时呼气，恢复时吸气

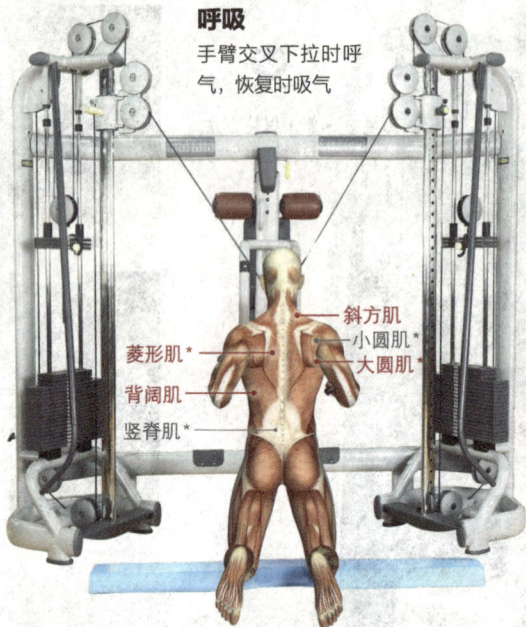

- 斜方肌
- 小圆肌*
- 菱形肌*
- 大圆肌*
- 背阔肌
- 竖脊肌*

✅
- 髋和躯干保持直立
- 保持核心收紧

❌
- 背部拱起
- 上身下俯
- 双腿移动位置

❗ 若出现肩关节疼痛，则不建议进行此项训练

- 肱二头肌
- 腹直肌

**起始**

跪于器械正方，膝、髋和躯干呈一条直线，双臂伸直且交叉于头顶前上方，双手分别握住把手。

**过程**

保持身体稳定，躯干收紧且直立，双臂交叉下拉至身体两侧。恢复起始姿势，完成规定次数。

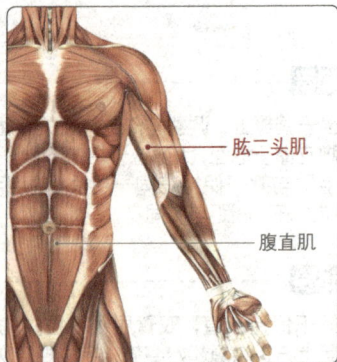

**呼吸**

双臂下拉时呼气，
恢复时吸气

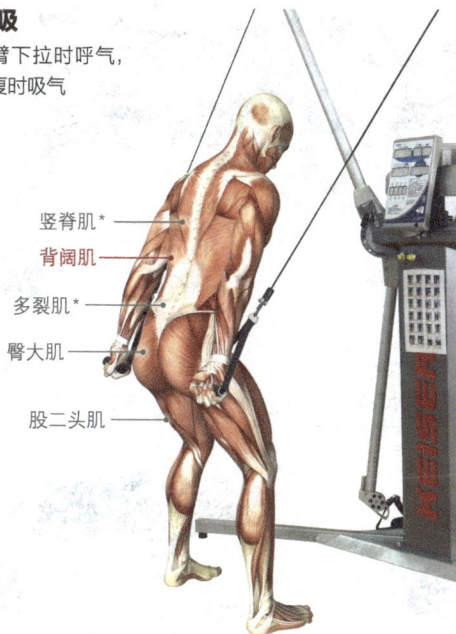

竖脊肌 *

背阔肌

多裂肌 *

臀大肌

股二头肌

绳索俯身下拉

• 保持躯干挺直
• 下肢保持稳定
• 手臂伸直

• 腕关节弯曲
• 弯腰弓背

! 若肩部存在不适，则不
建议进行此项训练

**起始**

面对器械站立，双脚分升，与肩同宽，
双臂伸直，手握握把。双腿略微屈膝，
上身微向前俯。

**过程**

保持身体稳定，收缩背部肌肉，双臂
伸直下拉握把至髋部后侧。缓慢恢复
起始姿势，完成规定的次数。

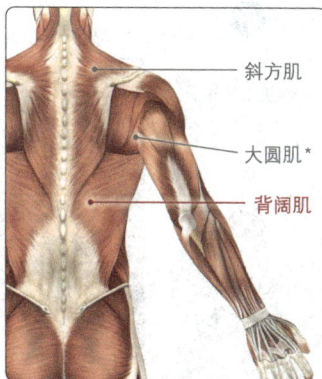

斜方肌

大圆肌 *

背阔肌

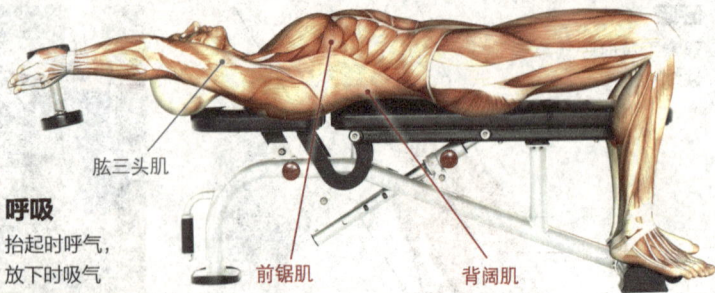

哑铃三头肌

前锯肌

背阔肌

**呼吸**
抬起时呼气，
放下时吸气

（!）若肩部存在不适，则不
建议进行此项训练

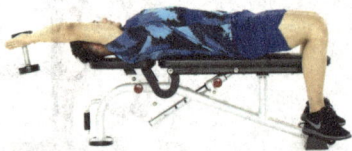

**起始**

仰卧在训练椅上，双手托哑铃放于
胸部正上方，手臂伸直。

**过程**

保持手臂伸直，将哑铃向头顶方向
移动，直至双臂与地面接近平行。
恢复起始姿势，完成规定的次数。

✓ • 背部保持平直

✗ • 哑铃脱落，
击中身体

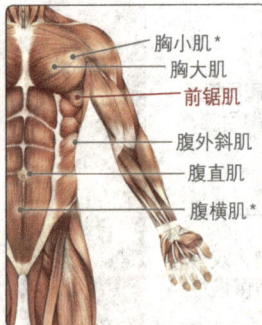

胸小肌*
胸大肌
前锯肌
腹外斜肌
腹直肌
腹横肌*

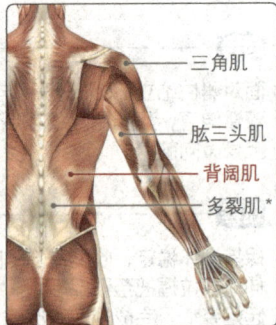

三角肌
肱三头肌
背阔肌
多裂肌*

66

**呼吸**

拉起时呼气，恢复
时吸气

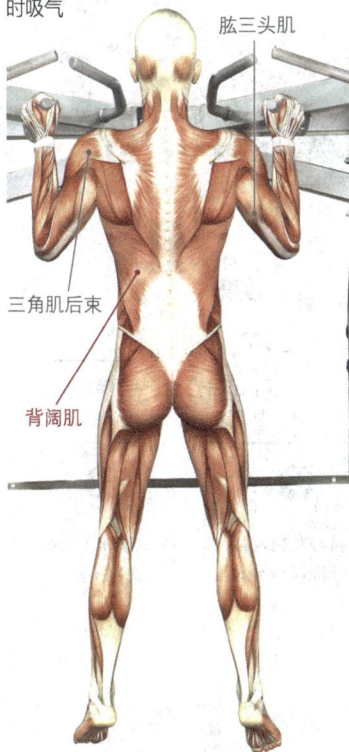

肱三头肌

三角肌后束

背阔肌

若肩部存在不适，则不
建议进行此项训练

保持身体稳定

身体过度晃动

引体向上

三角肌前束

肱二头肌

前锯肌

肱桡肌

**起始**

站立在器械中间，双手上伸握住把手，
双臂、双腿伸直，双腿悬空，身体悬挂。

**过程**

双臂屈肘，拉起身体向上至下颌与把手
等高位置，稍作停顿。缓慢恢复起始姿
势，完成规定的次数。

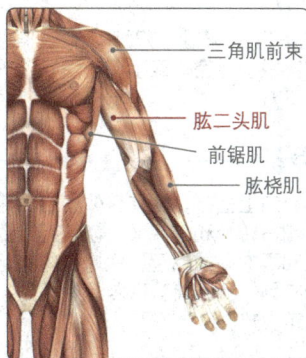

**哑铃挺身转体**

**呼吸**
全程均匀呼吸

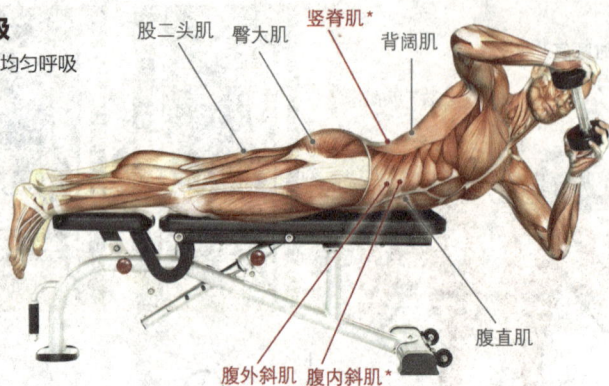

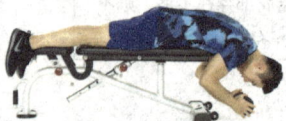

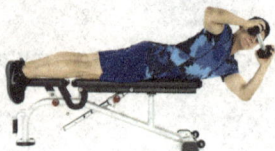

股二头肌　臀大肌　竖脊肌*　背阔肌

腹直肌

腹外斜肌　腹内斜肌*

! 若出现背部肌肉疼痛，则不建议进行此项训练

✓
- 核心肌肉收紧
- 背部保持平直

✗
- 双腿向上抬起
- 肩部不稳定

**起始**

俯卧于训练椅上，双脚固定在训练椅上，胸部以上悬空。双手握一只哑铃放在头部下方。

**过程**

背部向上抬起，保持身体稳定，身体向一侧扭转。动作完成，恢复起始姿势。背部再次向上抬起，保持身体稳定，身体向另一侧扭转。恢复起始姿势，完成规定次数。

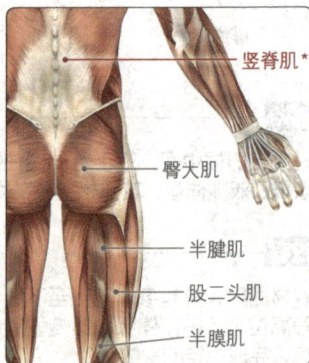

竖脊肌*

臀大肌

半腱肌

股二头肌

半膜肌

**呼吸**
全程均匀呼吸

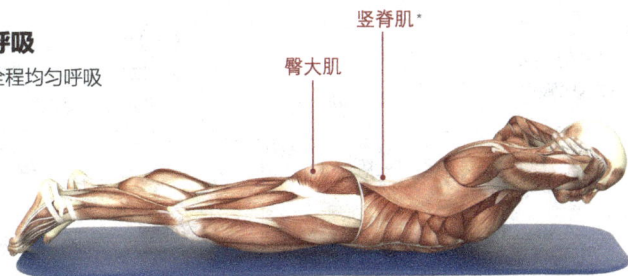

竖脊肌*
臀大肌

背部若存在不适，则不建议进行此项训练

• 双臂始终贴近双耳并与身体同步移动

• 身体完全放松
• 肩部上耸
• 双脚离地

俯卧挺身

**起始**

俯卧，双手扶于耳侧。

**过程**

双腿保持不动，上身向上挺起至最高点，稍作停顿。恢复至起始姿势，完成规定的次数。

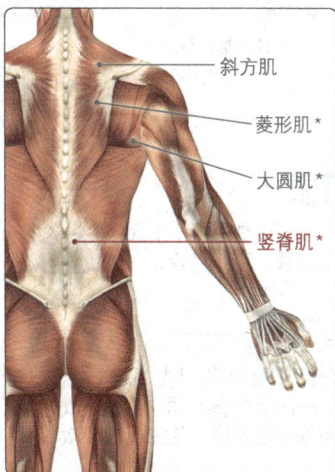

斜方肌
菱形肌*
大圆肌*
竖脊肌*

69

## 俯卧两头起

**呼吸**

双臂、双腿上抬时呼气，恢复时吸气

> ! 若背部存在不适，则不建议进行此项训练

臀大肌

背阔肌

股二头肌

股外侧肌

阔筋膜张肌

三角肌

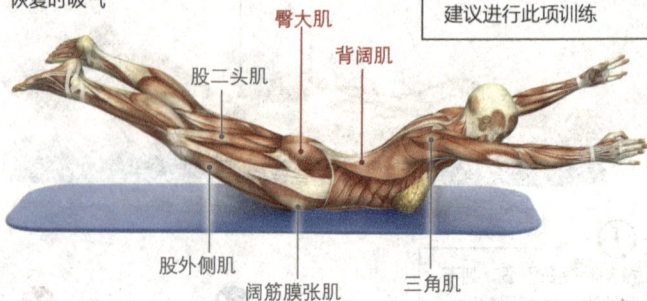

✓
- 体会臀大肌、竖脊肌收缩发力
- 双臂保持伸直

✗
- 头部过度后仰

斜方肌

菱形肌*

竖脊肌*

背阔肌

腰方肌*

**起始**

俯卧于瑜伽垫上，双臂向头部上方伸展，双腿伸直。

**过程**

配合呼吸，呼气时，双臂和双腿同时向上抬离垫面，稍作停顿，恢复起始姿势。完成规定的次数。

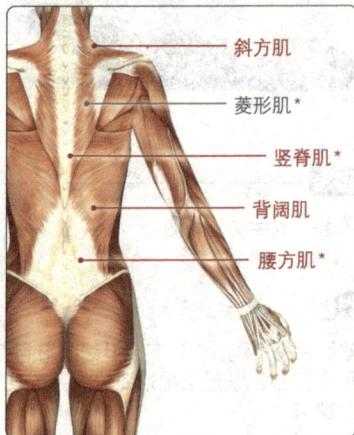

**呼吸**

发力时呼气，恢复时吸气

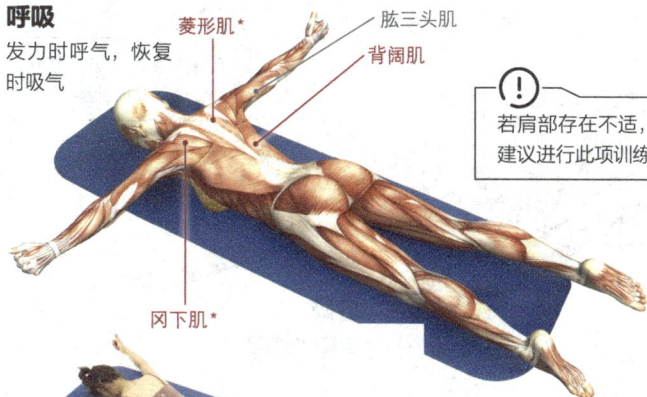

菱形肌*
肱三头肌
背阔肌
冈下肌*

> (!) 若肩部存在不适，则不建议进行此项训练

✅
• 躯干保持挺直
• 头部保持中立位

❌
• 头部上抬
• 肩部上耸

**起始**

俯卧，双臂与身体大致呈"Y"字形，双手握拳，大拇指朝上。

**过程**

保持姿势，手臂用力上举，同时向后打开手臂至与身体呈"T"字形，感受中背部肌肉发力。手臂后缩至与身体呈"W"字形，双肘内收，挤压背部。恢复起始姿势，完成规定的次数。

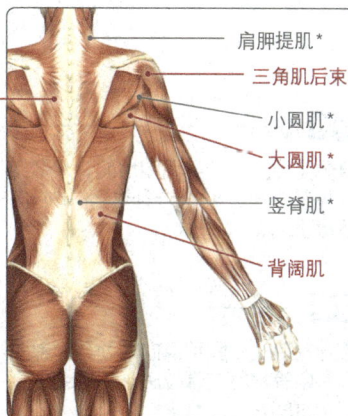

肩胛提肌*
三角肌后束
菱形肌*
小圆肌*
大圆肌*
竖脊肌*
背阔肌

**背部拉伸**

背阔肌
斜方肌
菱形肌*
三角肌
肱二头肌
肱三头肌

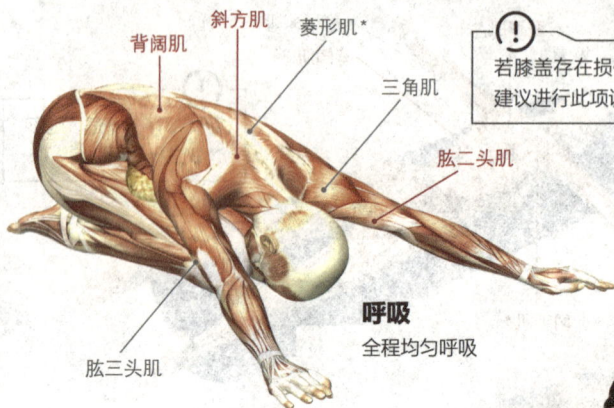

> ! 若膝盖存在损伤，则不建议进行此项训练

**呼吸**
全程均匀呼吸

✅
• 缓慢下沉躯干
• 双手贴于地面

❌
• 脖颈收紧
• 动作不完整

斜方肌
菱形肌*
背阔肌

**起始**

身体呈跪姿，俯身面朝地面，双臂向身体前方呈 "Y" 字形伸直，掌心向下撑于地面。

**过程**

髋部向后坐，胸部靠向地面至背部肌肉有中等程度的牵拉感。保持动作至规定时间。

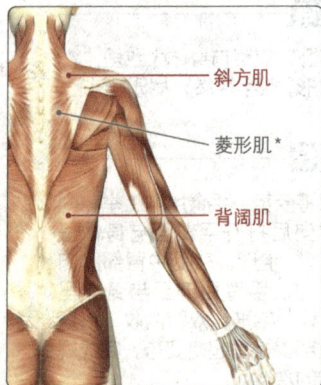

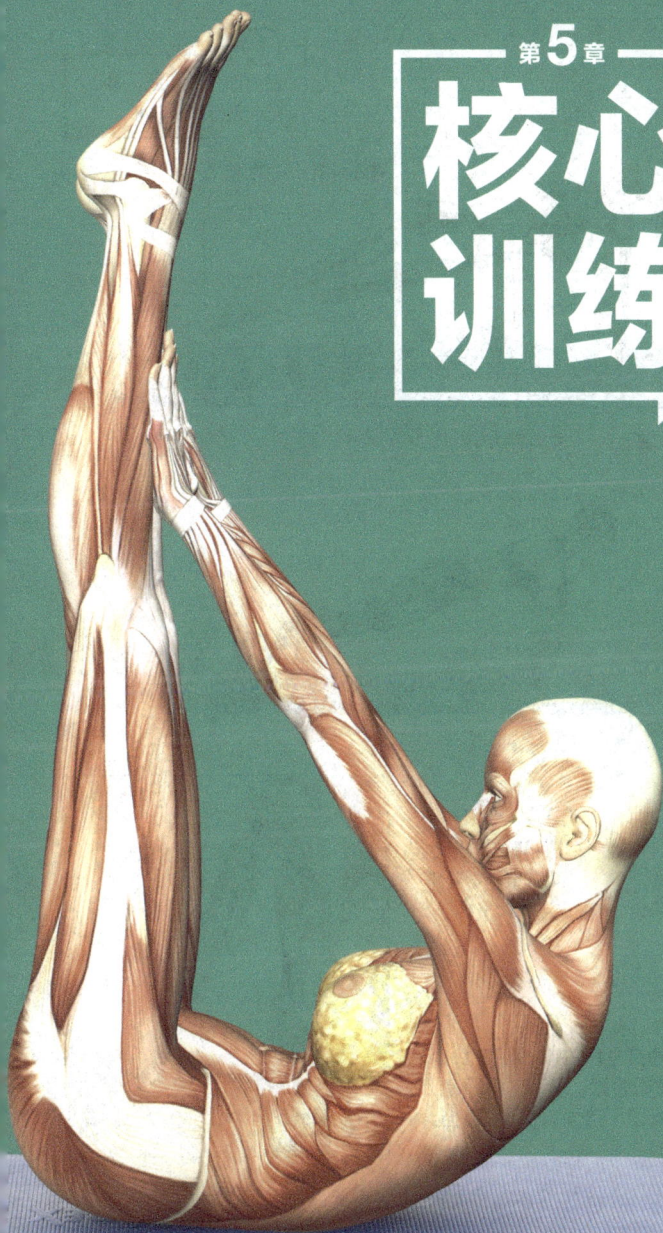

第5章

核心
训练

## 呼吸

全程均匀呼吸

三角肌

肱三头肌

前锯肌

腹外斜肌

腓肠肌

趾长屈肌*

！ 若肩部存在不适，则不建议进行此项训练

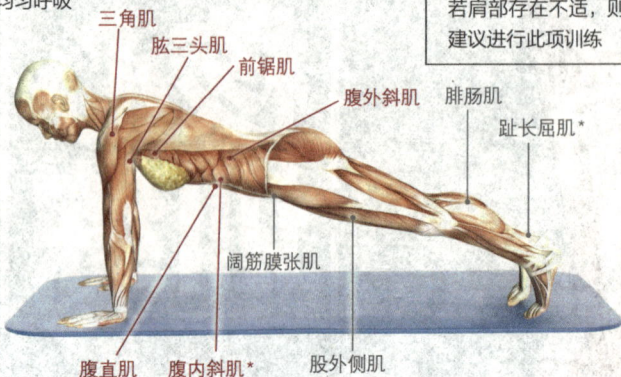

平板支撑

阔筋膜张肌

腹直肌　腹内斜肌*　股外侧肌

✓
• 身体从头到脚呈一条直线
• 核心收紧

✗
• 臀部下陷，肩关节、中背部松垮下垂

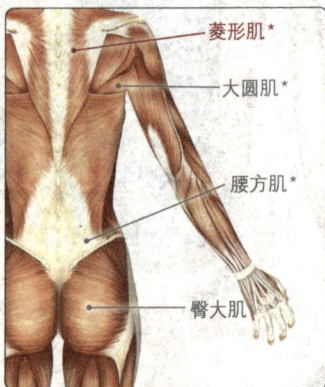

菱形肌*

大圆肌*

腰方肌*

臀大肌

动作

俯卧，双臂伸直支撑于肩部正下方，背部平直，核心收紧。双手与肩同宽，双脚略分开支撑于垫面。保持姿势至规定的时间。

**呼吸**
全程均匀呼吸

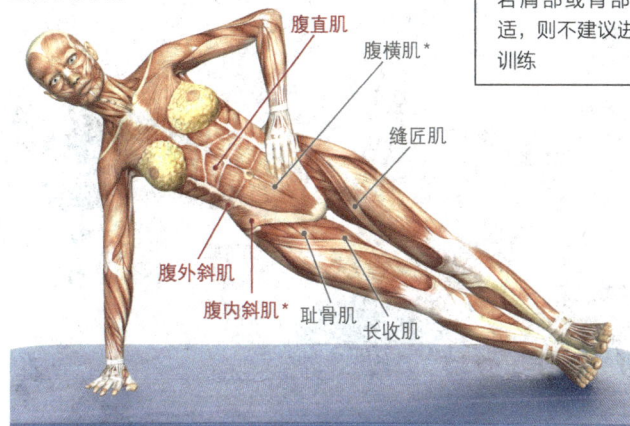

!  若肩部或背部存在不适，则不建议进行此项训练

腹直肌
腹横肌*
缝匠肌
腹外斜肌
腹内斜肌*
耻骨肌
长收肌

**侧平板支撑**

✓
· 双腿保持挺直
· 核心收紧
· 背部挺直

✗
· 髋关节下沉

动作

侧卧，双脚并拢，下侧脚支撑于垫面，下侧手臂伸直，支撑于肩部正下方，上侧手扶腰。保持背部平直，核心收紧，身体躯干呈一条直线。保持姿势至规定的时间，对侧亦然。

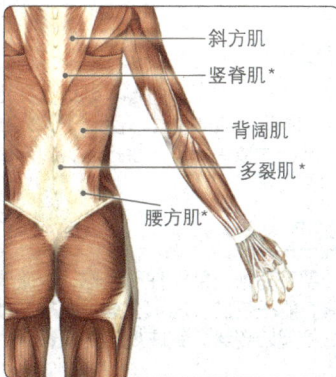

斜方肌
竖脊肌*
背阔肌
多裂肌*
腰方肌*

**哑铃球上卷腹**

> ! 若腰部存在不适，则不建议进行此项训练

**呼吸**
身体下降时吸气，
上推时呼气

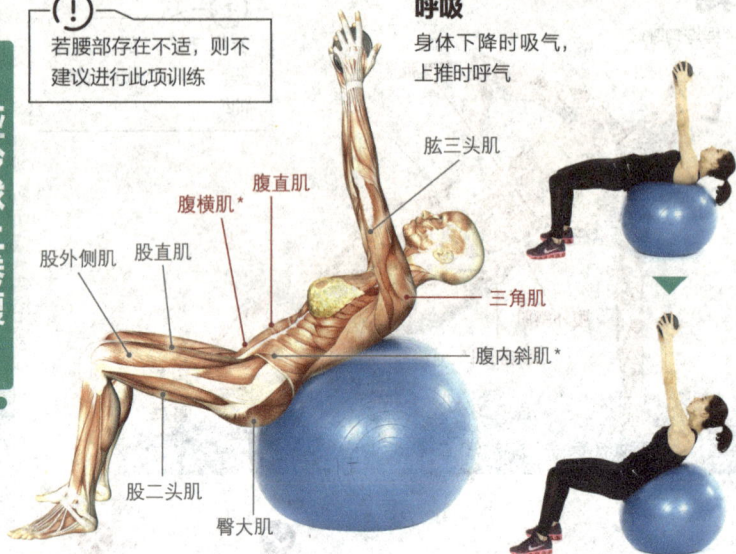

肱三头肌

腹横肌 *
腹直肌

三角肌

股外侧肌
股直肌

腹内斜肌 *

股二头肌

臀大肌

✔
• 核心收紧，
  背部保持平直
• 双脚紧贴地面

✘
• 背部脊柱弯曲
• 肩部放松，
  双臂晃动

**起始**
仰卧于瑞士球上，背部紧贴球面，挺髋的同时屈膝 90 度，使躯干、大腿与地面大致平行。双手持哑铃，双臂伸直上举。

**过程**
臀部及背部自然贴住瑞士球，腹肌收紧，躯干弯曲，肩部上推。有控制地恢复起始姿势，完成规定的次数。

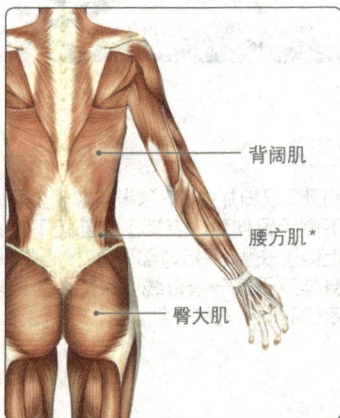

背阔肌

腰方肌 *

臀大肌

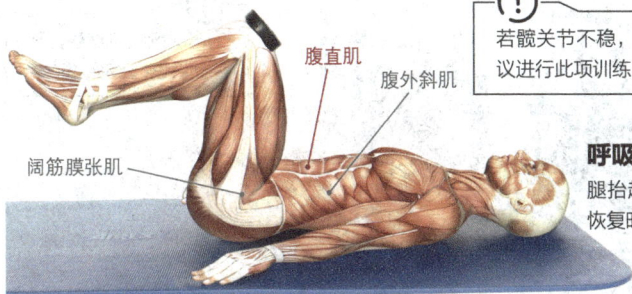

腹直肌

腹外斜肌

阔筋膜张肌

> **!** 若髋关节不稳，则不建议进行此项训练

**呼吸**
腿抬起时呼气，
恢复时吸气

哑铃反向卷腹

✔
• 利用腹肌带动下肢
• 双臂平放于垫面

✘
• 下背部或颈部从垫面抬起
• 凭借冲力完成动作

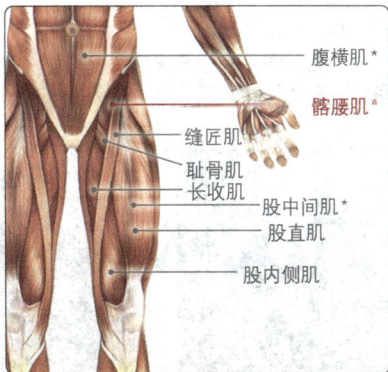

腹横肌 *

髂腰肌 *

缝匠肌

耻骨肌

长收肌

股中间肌 *

股直肌

股内侧肌

**起始**

仰卧在瑜伽垫上，双腿屈膝，膝关节间夹一只哑铃。双臂打开放在身体两侧，双脚放在瑜伽垫上。

**过程**

屈髋，双腿上抬至大腿垂直于地面。恢复起始姿势，完成规定的次数。

器械卷腹

若出现髋关节疼痛，则不建议进行此项训练

腹外斜肌
腹内斜肌*
腹横肌*
腹直肌
股外侧肌

胫骨前肌

**呼吸**
躯干屈曲时呼气，
恢复时吸气

**起始**

坐于器械上，调整座椅位。膝关节屈曲，双脚勾住支撑垫，上方把手固定肩部，双手放于两侧。

✅
• 上身保持挺直
• 保持下肢固定
• 腹部发力

❌
• 双臂发力
• 背部拱起

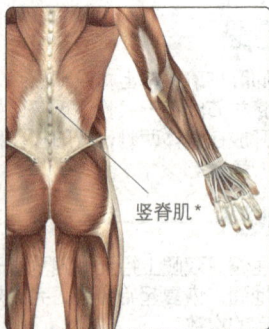

**过程**

核心收紧，躯干屈曲至最大限度，然后恢复起始姿势。完成规定次数。

竖脊肌*

**呼吸**

收腹时呼气，恢复
时吸气

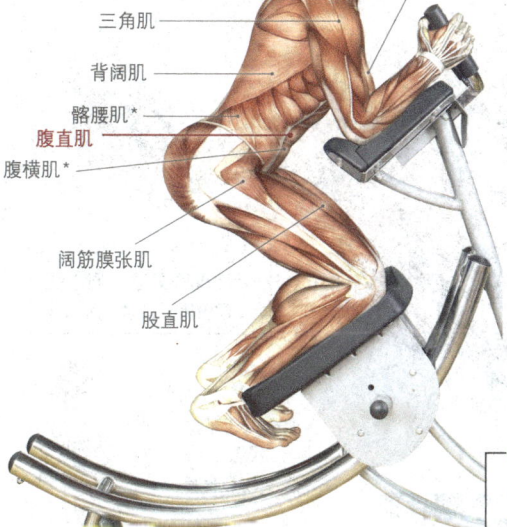

肱二头肌

三角肌

背阔肌

髂腰肌*

腹直肌

腹横肌*

阔筋膜张肌

股直肌

器械反向卷腹

若出现髋关节疼痛，则
不建议进行此项训练

✓
- 腹部主动发力
- 膝关节和前臂
  紧贴垫子

✗
- 臀部后翘
- 背部拱起

**起始**

双膝跪于器械上，尽可能保持膝、髋、
躯干呈一条直线。双手握于上方把手，
前臂支撑于垫子。

**过程**

保持身体稳定，腹部收缩，屈曲髋部。
屈髋屈膝至最大限度，再缓慢恢复起
始姿势。完成规定次数。

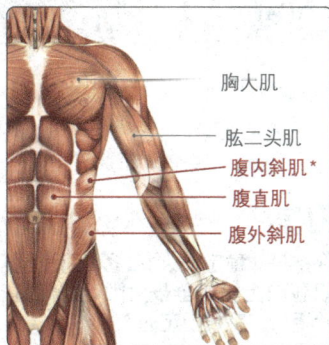

胸大肌

肱二头肌

腹内斜肌*

腹直肌

腹外斜肌

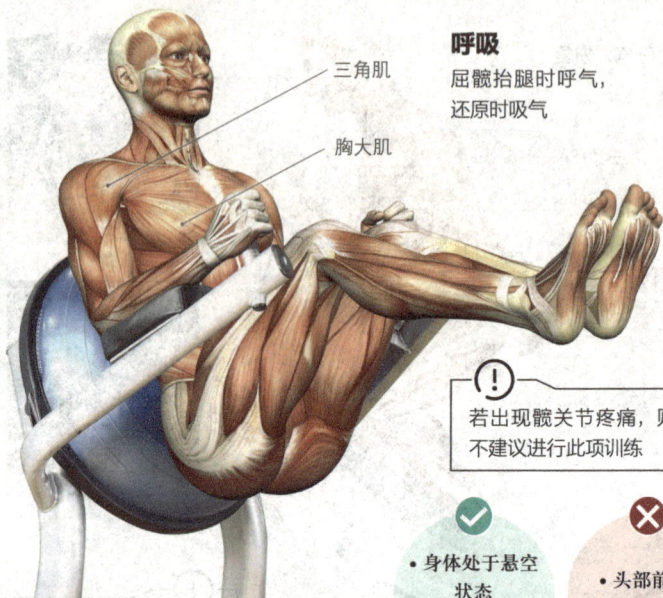

**器械提腿**

三角肌

胸大肌

**呼吸**
屈髋抬腿时呼气，还原时吸气

> ⚠ 若出现髋关节疼痛，则不建议进行此项训练

✅
• 身体处于悬空状态
• 保持核心收紧

❌
• 头部前伸
• 肩部上耸

**起始**

躯干紧贴靠背，手握把手，前臂支撑于垫子上，身体悬空。

**过程**

保持身体稳定，核心收紧，屈髋抬腿。双腿向上抬起至最大限度。恢复起始姿势，完成规定的次数。

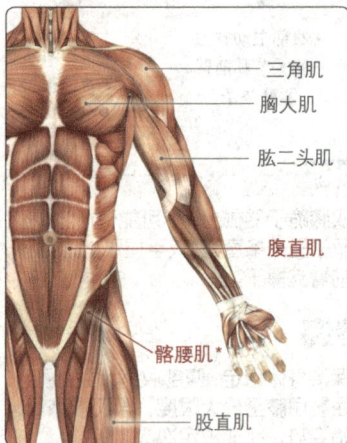

三角肌
胸大肌
肱二头肌
腹直肌
髂腰肌*
股直肌

**呼吸**
躯干屈曲时呼气，
恢复时吸气

腹内斜肌*

腹外斜肌

腹直肌

阔筋膜张肌

股直肌

绳索跪姿卷腹

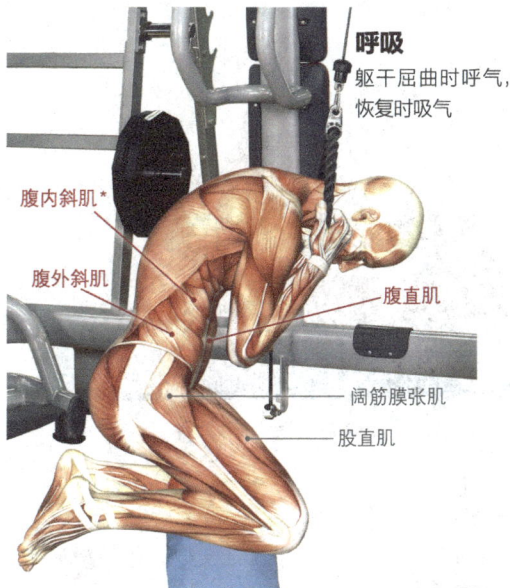

✓ • 使用核心力量

✗ • 头颈代偿

(!) 若背部存在不适，则不
建议进行此项训练

胸小肌*
胸大肌
前锯肌
肱二头肌

腹直肌

缝匠肌

**起始**

呈跪姿，双手握紧绳索，置于肩部前
方，上身挺直，略微屈髋。

**过程**

双腿保持不动，上身下俯，下拉绳索，
背部拱起。下俯至动作最低处，感受
核心肌肉收缩，稍作停顿。恢复起始
姿势，完成规定的次数。

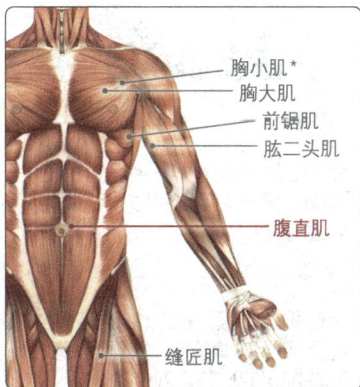

81

## 侧卷腹

**呼吸**
全程均匀呼吸

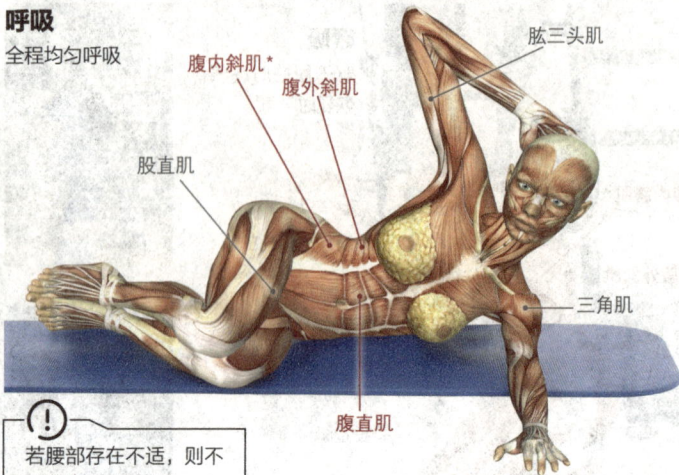

肱三头肌

腹内斜肌*
腹外斜肌

股直肌

三角肌

腹直肌

!若腰部存在不适，则不
建议进行此项训练

✓
• 保持核心收紧
• 保持躯干的中立位

✗
• 颈部过于紧张
• 上身前倾

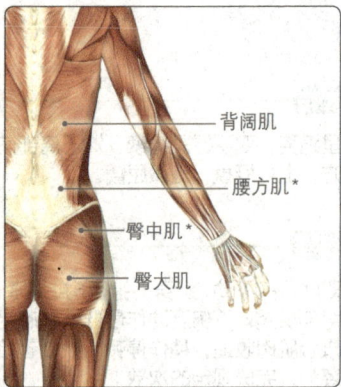

背阔肌

腰方肌*

臀中肌*

臀大肌

**起始**

侧卧在瑜伽垫上，一侧手臂伸直扶于
垫面。另一侧手臂屈肘，手扶头，双
腿屈膝并拢。

**过程**

上侧核心收紧，拉近该侧手肘与大腿
的距离，稍作停顿。恢复起始姿势，
完成规定的次数。对侧亦然。

**呼吸**

手脚举起时呼气，恢复时吸气

股外侧肌

股直肌

阔筋膜张肌

肱三头肌

背阔肌

腹横肌*　腹内斜肌*　腹直肌

**两头起**

✓
- **核心收紧**
- **四肢保持悬空，协调一致**

✗
- **双腿膝关节弯曲**
- **动作速度过快**

( ! ) 若下背部存在不适，则不建议进行此项训练

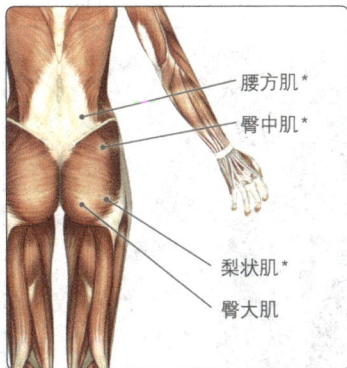

腰方肌*

臀中肌*

梨状肌*

臀大肌

**起始**

仰卧，双腿伸直向两侧打开，并向上略微抬起，双臂伸直上抬于头部上方。

**过程**

核心收紧，双腿和双臂同时向上方抬起，双手接触小腿。恢复起始姿势，完成规定的次数。

# 瑞士球两头起

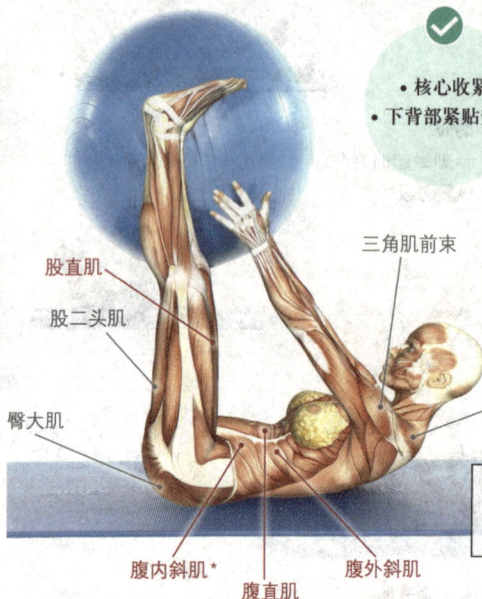

●●●

股直肌
股二头肌
臀大肌
腹内斜肌*
腹直肌
腹外斜肌

三角肌前束
三角肌后束

- 核心收紧
- 下背部紧贴垫面

- 身体使用冲力完成动作
- 双腿屈膝

**呼吸**
全程均匀呼吸

! 若下背部存在不适，则不建议进行此项训练

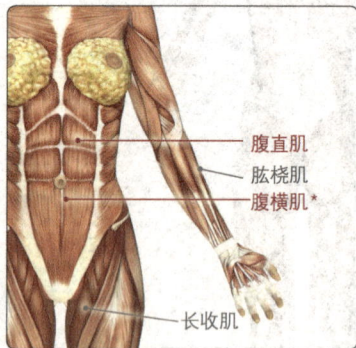

腹直肌
肱桡肌
腹横肌*
长收肌

**起始**

仰卧于垫上，双腿伸直，将瑞士球夹在双脚之间，双臂伸直置于头顶。

**过程**

同时抬起双腿与上身，让手脚尽量靠近。将瑞士球从双腿传至双手，四肢放回垫面，双臂伸直置于头顶。再将瑞士球从双手传到双脚。恢复起始姿势，完成规定的次数。

股直肌

腹横肌*

腹直肌

肱三头肌

**呼吸**
全程均匀呼吸

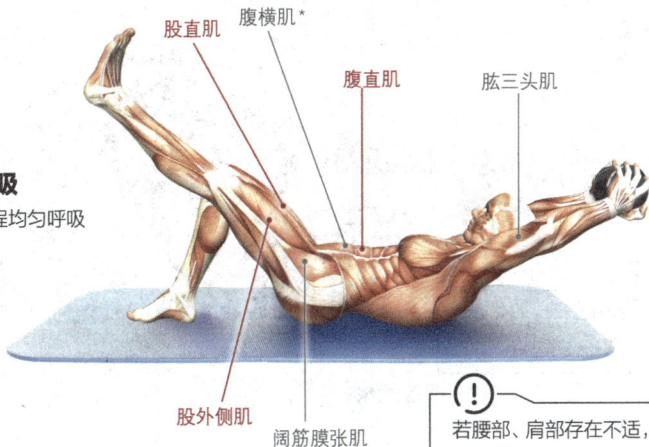

股外侧肌

阔筋膜张肌

若腰部、肩部存在不适，则不建议进行此项训练

哑铃单腿两头起

✓
• 核心收紧
• 双臂伸直

✗
• 肩部上耸
• 背部拱起

长收肌

股中间肌*

股内侧肌

**起始**

仰卧在瑜伽垫上，双手握哑铃置于头顶，手臂伸直放在垫子上。一侧下肢屈髋、屈膝支撑身体。

**过程**

向上卷腹，抬起伸直腿，与身体呈 V 字形。缓慢恢复起始姿势，完成规定的次数。对侧亦然。

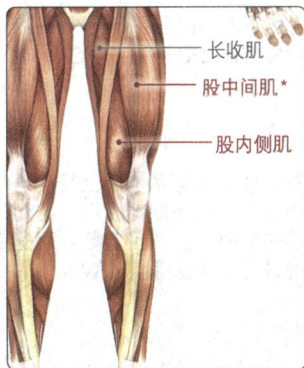

**肘碰膝**

**呼吸**
全程均匀呼吸

股外侧肌

股二头肌

前锯肌

腹直肌
腹内斜肌*
腹外斜肌

若背部存在不适，则不建议进行此项训练

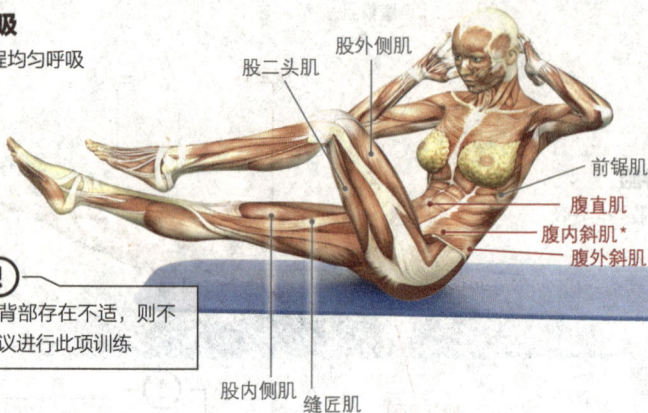

股内侧肌　缝匠肌

✅
• 核心收紧
• 手脚保持悬空

❌
• 双腿速度过快

**起始**

仰卧，双腿伸直，并向上略微抬起。双臂伸直上抬于头部上方。

**过程**

双手扶于头部两侧，上身向一侧扭转，同时该侧腿屈膝，与对侧手肘触碰。换对侧重复。两侧交替进行，完成规定的次数。

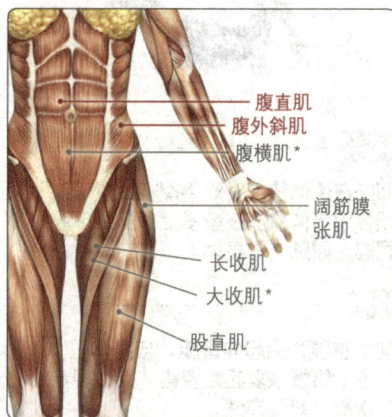

腹直肌
腹外斜肌
腹横肌*

阔筋膜张肌

长收肌

大收肌*

股直肌

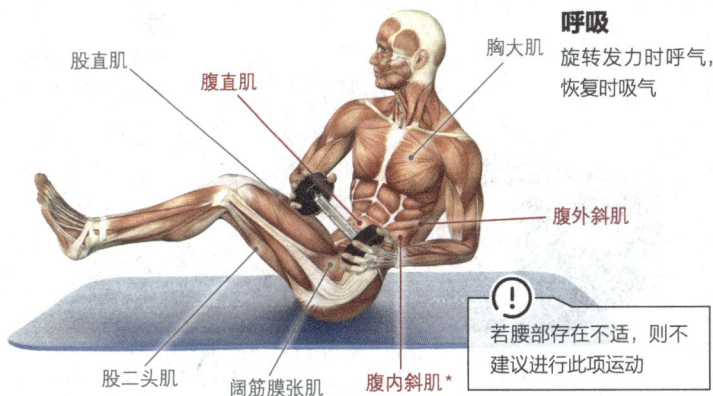

股直肌

腹直肌

胸大肌

**呼吸**
旋转发力时呼气，恢复时吸气

腹外斜肌

！ 若腰部存在不适，则不建议进行此项运动

股二头肌　阔筋膜张肌　腹内斜肌*

哑铃俄罗斯转体

**起始**

呈坐姿，臀部支撑身体。屈髋、屈膝抬起双腿，双手分别持握一只哑铃的两端，屈肘将其置于胸前，下背部挺直。

**过程**

下身姿势保持不变，上身向一侧转动，同时将哑铃移至身体同侧，稍作停顿。下身姿势保持不变，上身向另一侧扭转，同时将哑铃移至身体另一侧，稍作停顿。两侧交替进行，完成规定的次数。

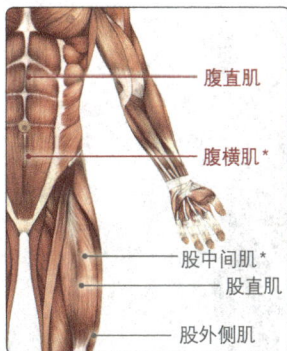

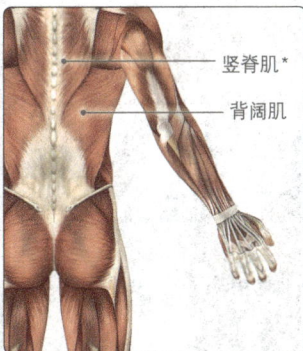

腹直肌

腹横肌*

股中间肌*
股直肌
股外侧肌

竖脊肌*
背阔肌

✓
• 背部挺直
• 核心收紧
• 肩部和手臂固定

✗
• 上身过度后仰

87

## 瑞士球前推

三角肌后束
肱三头肌
背阔肌
腹外斜肌
臀大肌
股二头肌

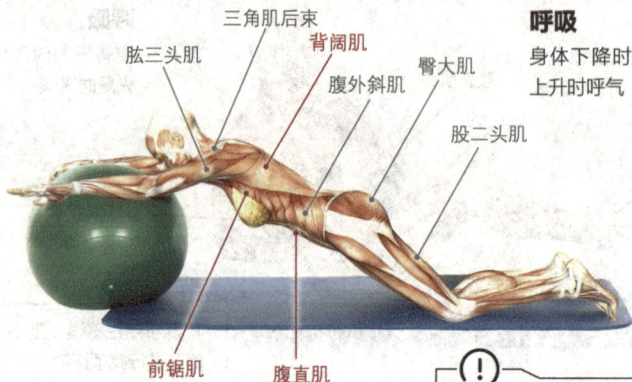

**呼吸**
身体下降时吸气，
上升时呼气

前锯肌
腹直肌

> !
> 若肩部存在不适，则不
> 建议进行此项训练

### 起始

跪在瑞士球前，双手置于球上，双手位置与髋
同高。双腿分开，双膝间距与肩同宽。

### 过程

慢慢将瑞士球向前滚动，同时伸展身体至最大
幅度，保持背部挺直，膝盖保持稳定。利用核
心和下背部肌肉将球拉回，恢复起始姿势。完
成规定的次数。

✓
- 脚尖始终
  紧贴垫面
- 背部保持平直
- 核心收紧

✗
- 臀部向上拱起
- 背部向上拱起

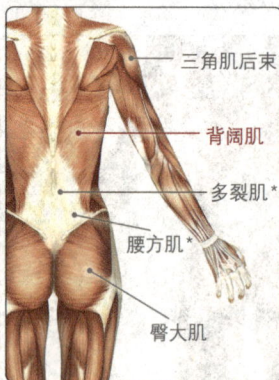

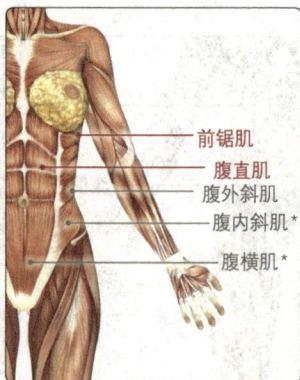

三角肌后束
背阔肌
多裂肌*
腰方肌*
臀大肌

前锯肌
腹直肌
腹外斜肌
腹内斜肌*
腹横肌*

88

**呼吸**
全程均匀呼吸

背阔肌

阔筋膜张肌

股直肌

胫骨前肌

瑞士球俯卧转肩

! 若背部存在不适，则不建议进行此项训练

### 起始

俯卧于瑞士球上，背部挺直，胸部不能贴在球上，双手置于头后。双脚分开，与肩同宽，脚尖撑于垫上。

### 过程

保持挺胸直背，躯干向一侧旋转至最大限度。向另一侧扭转身体至最大限度。恢复起始姿势，完成规定的次数。

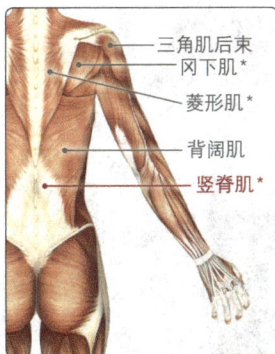

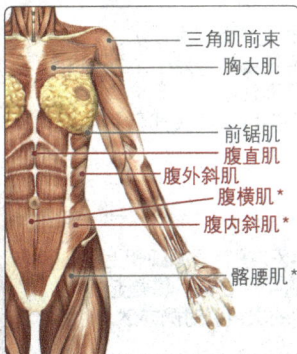

三角肌后束
冈下肌*
菱形肌*
背阔肌
竖脊肌*

三角肌前束
胸大肌
前锯肌
腹直肌
腹外斜肌
腹横肌*
腹内斜肌*
髂腰肌*

✓
• 臀部收紧
• 背部挺直

✗
• 双脚移动
• 背部拱起

89

# 瑞士球侧卧转肩

胸大肌

腹直肌
腹横肌*

股直肌

腹外斜肌

阔筋膜张肌

腹内斜肌*

股外侧肌

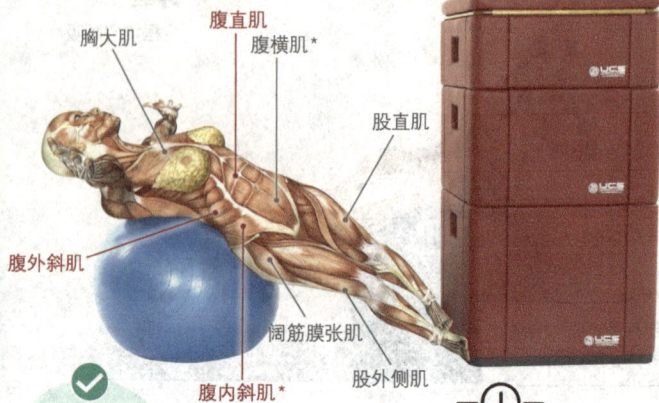

✓
- 背部挺直
- 核心收紧
- 双臂保持伸直

**呼吸**
全程均匀呼吸

( ! )
若腰部、核心存在不适，则不建议进行此项训练

✗
- 躯干后仰
- 肩部上耸

背阔肌

竖脊肌*

腰方肌*

臀中肌*

臀大肌

## 起始

侧卧，核心侧面支撑于瑞士球上，双脚前后分开固定在墙边，处于上面的脚在后，另一只脚在前，双腿伸直，双臂侧平举，保持身体从头部至髋部呈一条直线。

## 过程

保持腿部稳定，躯干扭转至面部朝上，双臂始终保持侧平举姿势。恢复起始姿势，完成规定的次数。对侧亦然。

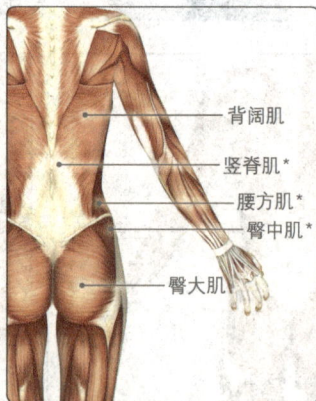

腹横肌*

腹直肌

腹外斜肌

**呼吸**
全程均匀呼吸

腹内斜肌*

瑞士球仰卧转髋

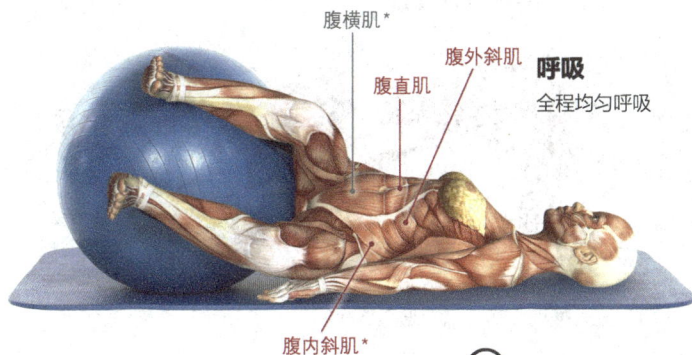

( ! ) 若腰部存在不适，则不建议进行此项训练

✓
• 肩部保持放松
• 核心收紧
• 背部保持平直

✗
• 头部抬离垫面
• 强迫肩胛骨紧贴垫面

竖脊肌*

腰方肌*

臀大肌

股外侧肌

**起始**

仰卧，双腿分开与肩同宽将瑞士球夹在脚跟与腘绳肌之间。双臂置于身体两侧，掌心向下。

**过程**

双腿夹球向一侧转动髋部至最大幅度，上身保持不动。恢复至起始姿势后，向另一侧转髋。两侧交替进行，完成规定的次数。

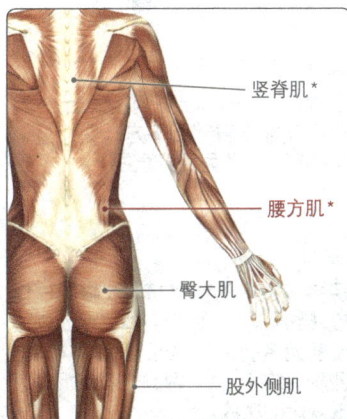

91

瑞士球俯卧转髋

前锯肌　背阔肌　**腹外斜肌**　臀大肌　股二头肌

三角肌

腹直肌　**腹内斜肌\***　股外侧肌

## 呼吸

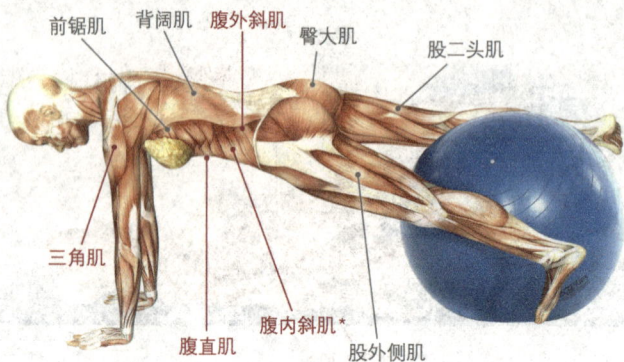

全程均匀呼吸

(!) 若髋部存在不适，则不建议进行此项训练

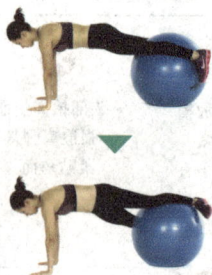

✓
· 核心收紧
· 背部保持平直

✗
· 转髋幅度过大
· 腕部压力过大

三角肌

胸大肌

肱二头肌

**腹外斜肌**

**腹直肌**

肱桡肌

**腹内斜肌\***

**腹横肌\***

髂腰肌\*

## 起始

双侧小腿置于瑞士球两侧偏上位置，双手支撑于肩部正下方，保持身体从头到脚大致呈一条直线。

## 过程

保持双臂不动，髋部与双腿向一侧旋转约 45 度，保持身体稳定。恢复至初始姿势后，髋部与双腿向另一侧旋转约 45 度。两侧交替进行，完成规定的次数。

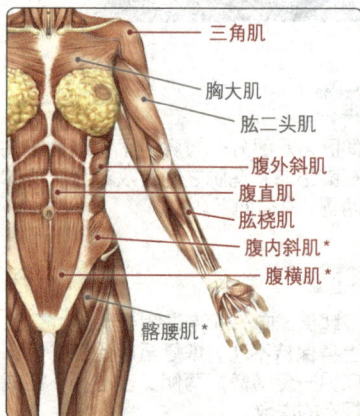

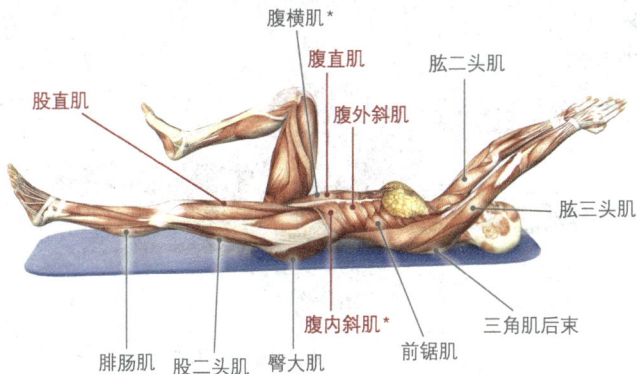

腹横肌*
腹直肌
肱二头肌
股直肌
腹外斜肌
肱三头肌
腹内斜肌*
三角肌后束
腓肠肌　股二头肌　臀大肌　前锯肌

**死虫式—腿部动作**

### 呼吸
全程均匀呼吸

若髋部存在不适，则不建议进行此项训练

- 核心收紧
- 控制动作频率
- 腿部悬空

- 肩部发力
- 身体随动作左右晃动

### 起始
仰卧于垫上，双腿屈膝呈 90 度角，双脚撑于垫上。双臂伸直落于身体两侧。

### 过程
双臂伸直指向斜上方，双腿抬离垫面，一侧腿伸直，另一侧腿屈膝。核心发力，双腿交换位置。双腿交替进行，完成规定的次数。

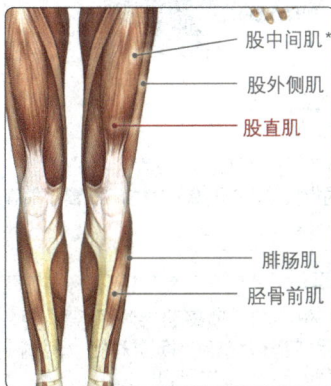

股中间肌*
股外侧肌
股直肌
腓肠肌
胫骨前肌

93

## BOSU球死虫式

**呼吸**
全程均匀呼吸

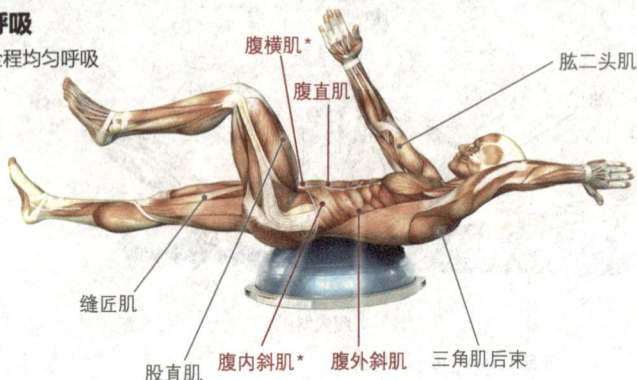

腹横肌*
腹直肌
肱二头肌
缝匠肌
股直肌
腹内斜肌*
腹外斜肌
三角肌后束

> (!) 若腰背部存在不适，则不建议进行此项训练

✅
· 核心收紧
· 背部保持平直

❌
· 交换速度过快
· 身体向两侧偏转

斜方肌
小圆肌*
大圆肌*
竖脊肌*
背阔肌
腰方肌*
臀小肌*

**起始**

仰卧于 BOSU 球曲面，核心收紧，屈髋、屈膝呈 90 度角。双臂于胸前伸直。

**过程**

一侧手向头顶移动，另一侧腿伸直。保持身体稳定，换至对侧。两侧交替进行，完成规定的次数。

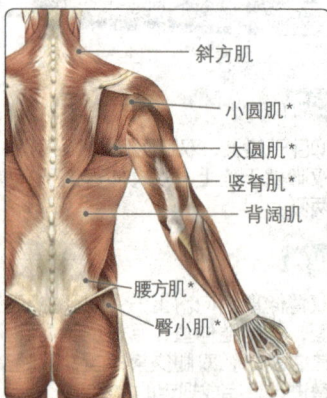

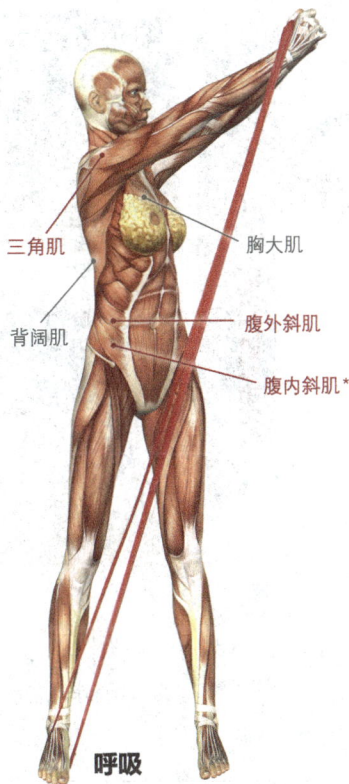

三角肌

胸大肌

背阔肌

腹外斜肌

腹内斜肌*

**呼吸**
旋转上提时呼气，
恢复时吸气

(!) 若下背部或肩部存在不适，
则不建议进行此项训练

✓
• 双臂伸直
• 核心收紧

✗
• 双臂上举过高
• 肩部上耸

**弹力带旋转上提**

### 起始

站立，双脚开立，与肩同宽。一侧
脚踩住弹力带中间位置，同时双手
交叉握紧弹力带两端，上身向弹力
带侧扭转。

### 过程

保持双臂伸展，身体转动至面朝前
方，目视前方，双臂随之拉伸弹力
带至胸前。上身继续扭转至另　侧，
双臂随之向斜上方 45 度拉伸弹力
带。恢复起始姿势，完成规定的次
数。对侧亦然。

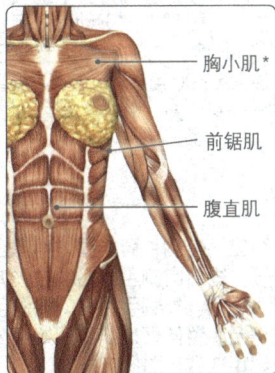

胸小肌*

前锯肌

腹直肌

95

器械半跪姿上提
●●●

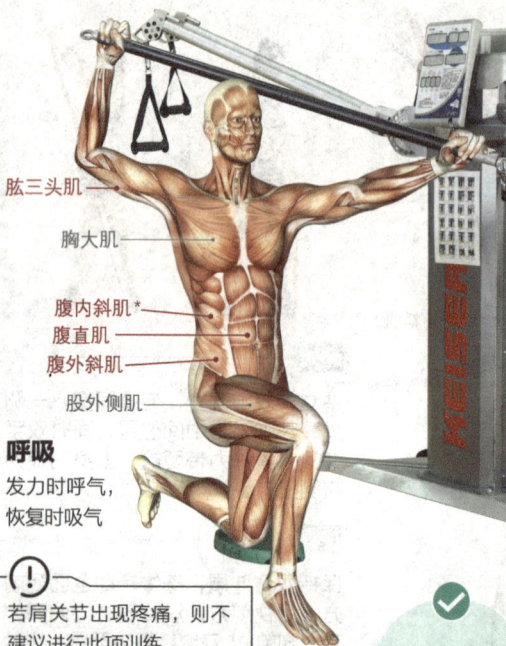

肱三头肌
胸大肌
腹内斜肌*
腹直肌
腹外斜肌
股外侧肌

**呼吸**
发力时呼气，
恢复时吸气

(!) 若肩关节出现疼痛，则不
建议进行此项训练

✓ ·控制身体稳定

❌ ·上身晃动
·双脚移动位置

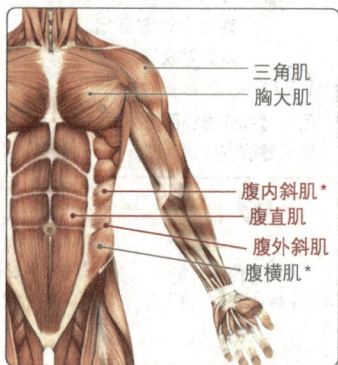

三角肌
胸大肌
腹内斜肌*
腹直肌
腹外斜肌
腹横肌*

**起始**

侧对 KEISER 三角机，呈半跪姿，躯
干直立，外侧腿支撑于地面，且屈膝
屈髋约 90 度，内侧腿膝盖支撑于垫
上，屈膝约 90 度。内侧手臂伸直，
握住杆子斜下方，外侧手臂屈肘握杆
子末端于胸前。

**过程**

躯干直立，外侧手臂伸直，斜向上拉
动杆子，同时内侧手臂沿着拉动方向
屈肘于胸前。外侧手屈肘，内侧手向
前推至手臂伸直。恢复起始姿势，
完成规定次数。对侧亦然。

**呼吸**

发力时呼气，
恢复时吸气

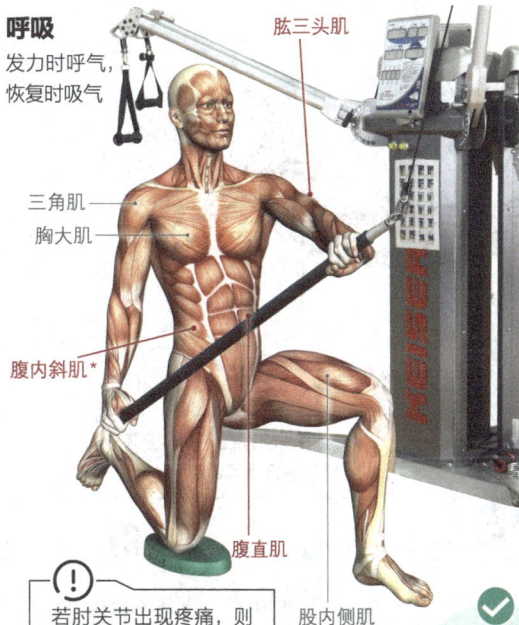

肱三头肌

三角肌

胸大肌

腹内斜肌*

腹直肌

股内侧肌

⚠ 若肘关节出现疼痛，则
不建议进行此项训练

器械半跪姿下砍

✓
• 控制身体的稳定

✗
• 身体晃动
• 双脚移动位置

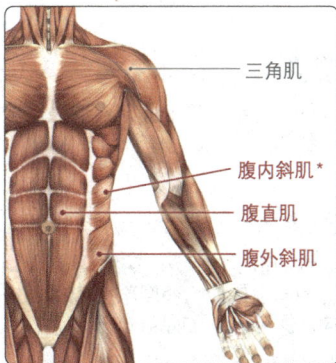

三角肌

腹内斜肌*

腹直肌

腹外斜肌

**起始**

侧对 KEISER 三角机，呈半跪姿，
躯干直立，内侧腿支撑于地面，且
屈膝屈髋约 90 度，外侧腿膝盖支撑
于垫上，屈膝约 90 度。内侧手臂伸
直，握住杆子斜上方，外侧手臂屈
肘握杆子末端于胸前。

**过程**

保持身体稳定、躯干直立，外侧手
臂伸直，斜向下拉动杆子，同时内
侧手臂沿着拉动方向屈肘。外侧手
保持不动，内侧手水平方向推杆至
手臂伸直。完成规定次数，恢复起
始姿势。对侧亦然。

# 腹部拉伸

**呼吸**
全程均匀呼吸

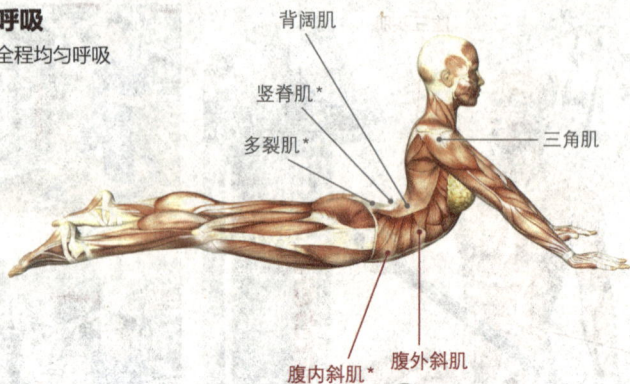

背阔肌

竖脊肌*

多裂肌*

三角肌

腹内斜肌*　腹外斜肌

!　若下背部存在不适，则不建议进行此项训练

✓
• 肩部放松下压
• 臀部发力

✗
• 伸展幅度过大
• 头部过度后仰

胸大肌

腹直肌

腹外斜肌

腹横肌*

阔筋膜张肌

长收肌

股直肌

**起始**

俯卧，胸部靠近地面，双臂屈肘放于胸部两侧，双臂撑于地面。

**过程**

双臂伸直推起，胸部和肋骨最大限度地向上抬起，使腹部肌肉得到拉伸。保持动作至规定时间。

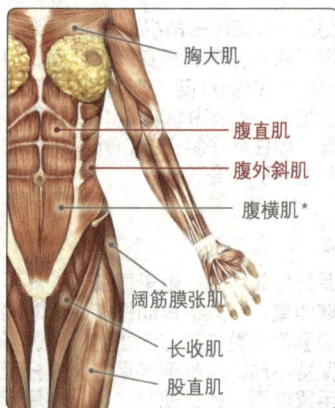

**呼吸**
全程均匀呼吸

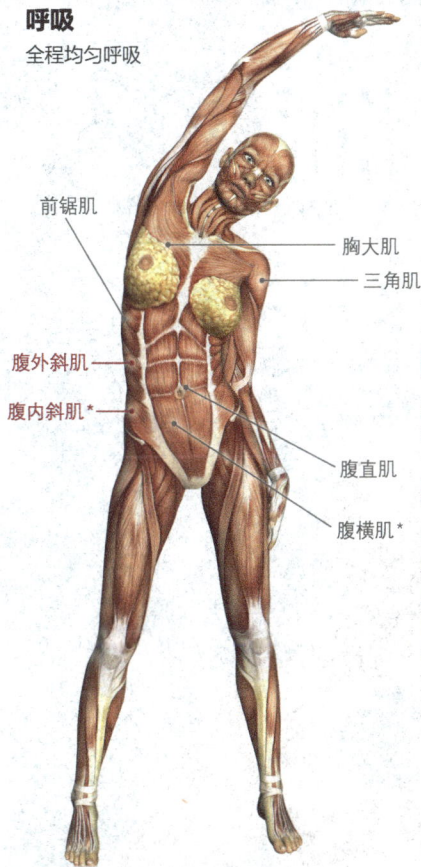

前锯肌

胸大肌

三角肌

腹外斜肌

腹内斜肌*

腹直肌

腹横肌*

侧向伸展

**起始**

站立，双脚分开，略比肩宽，双
手自然垂落于身体两侧。

**过程**

拉伸侧手臂伸直向上举过头顶，
对侧手扶住大腿。拉伸侧手臂向
身体对侧倾斜，上身随之倾斜至
目标肌肉有中等程度的牵拉感，
保持动作至规定时间。对侧亦然。

斜方肌

三角肌后束

小圆肌

背阔肌

! 若背部存在不适，则不建议进行此项训练

✓ • 尽量拉伸背部
和侧腹

✗ • 身体前后倾斜

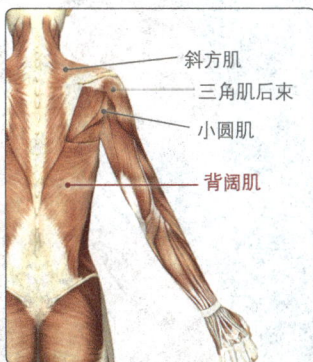

99

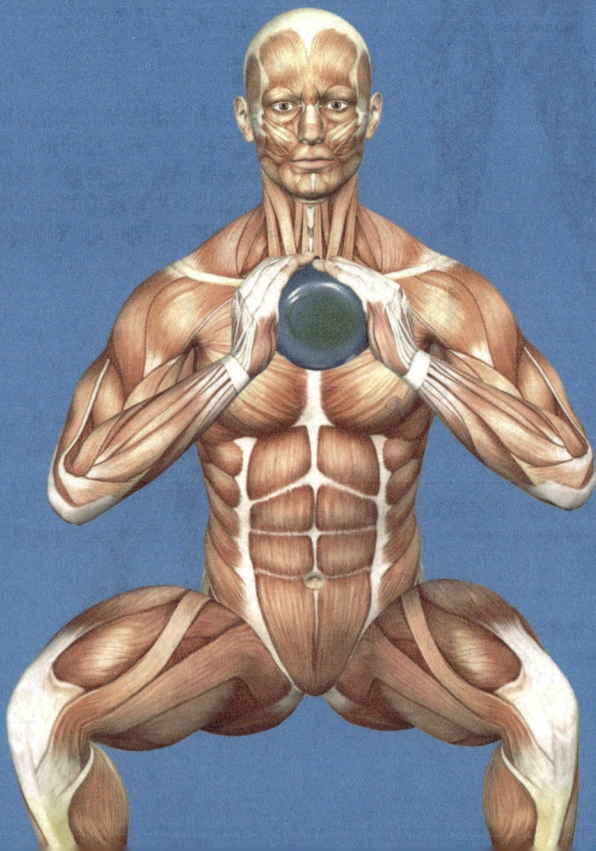

第6章

# 臀腿训练

**呼吸**

全程均匀呼吸

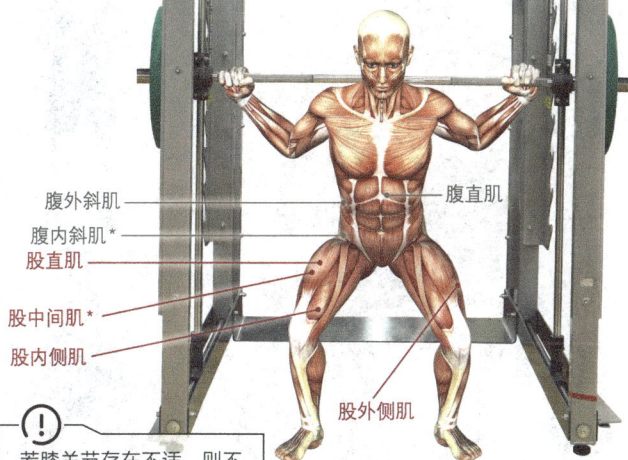

腹外斜肌

腹内斜肌*

股直肌

股中间肌*

股内侧肌

腹直肌

股外侧肌

(!) 若膝关节存在不适，则不建议进行此项训练

✓
• 身体向下深蹲至大腿与地面平行

✗
• 膝盖过度前伸，超过脚尖

**起始**

双脚开立，略比肩宽，杠铃落于肩胛骨处，双手紧握杠铃。

**过程**

核心收紧，臀部后坐，下蹲至大腿与地面平行，稍作停顿。恢复起始姿势，完成规定的次数。

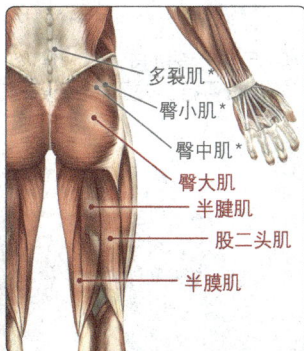

多裂肌*

臀小肌*

臀中肌*

臀大肌

半腱肌

股二头肌

半膜肌

101

## 哑铃深蹲

**呼吸**
下蹲时呼气，恢复时吸气

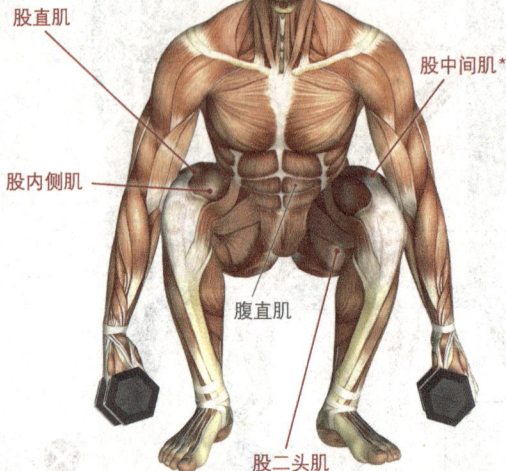

股直肌

股中间肌*

股内侧肌

腹直肌

股二头肌

**起始**

站立，双脚分开，与肩同宽，双手握哑铃自然下垂于身体两侧。

**过程**

保持上身挺直，双腿屈膝下蹲至大腿与地面平行。恢复起始姿势，完成规定次数。

- 躯干保持挺直
- 膝盖和脚尖方向一致

- 膝关节外扩
- 肩部上耸

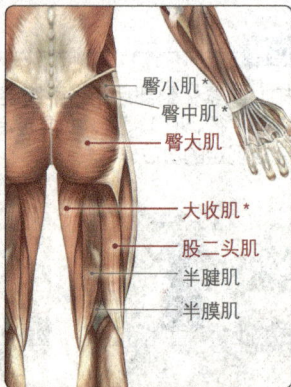

! 若出现膝关节疼痛，则不建议进行此项训练

臀小肌*
臀中肌*
臀大肌

大收肌*
股二头肌
半腱肌
半膜肌

**呼吸**
下蹲时吸气，站起时呼气

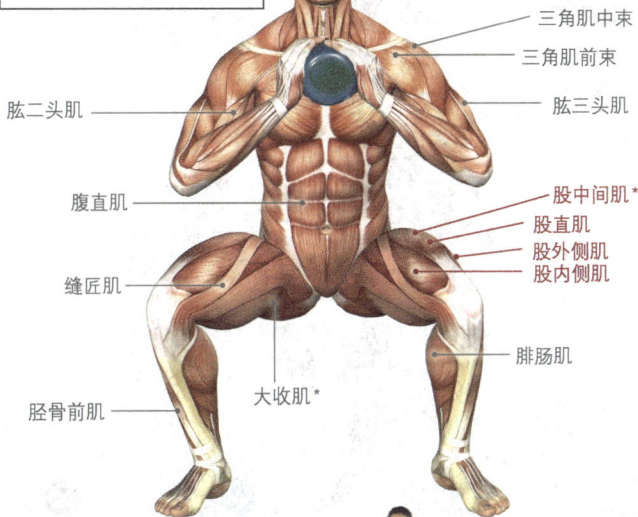

壶铃深蹲

若髋部存在不适，则不建议进行此项训练

三角肌中束
三角肌前束
肱三头肌

肱二头肌

股中间肌*
股直肌
股外侧肌
股内侧肌

腹直肌

腓肠肌

缝匠肌

大收肌*

胫骨前肌

- 下蹲至大腿与地面平行，躯干与胫骨平行

- 膝关节过度前伸，超过脚尖

三角肌后束
冈上肌*
背阔肌

臀小肌*
臀中肌*
臀大肌

半腱肌
股二头肌
半膜肌

**起始**
双手握壶铃置于胸前，铃底朝前。站立，双脚分开，略比肩宽。

**过程**
双腿屈膝，保持背部挺直，向下深蹲。恢复起始姿势，完成规定的次数。

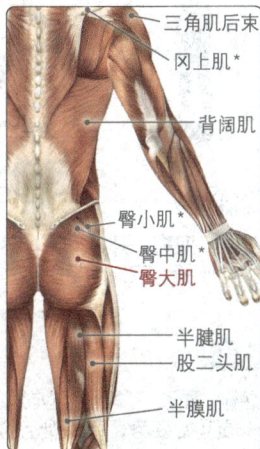

103

!
若膝关节存在不适，则不
建议进行此项训练

**呼吸**
全程均匀呼吸

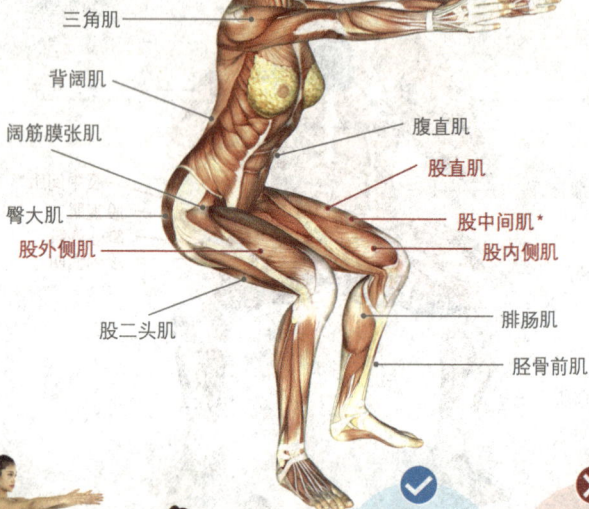

深蹲

三角肌

背阔肌

阔筋膜张肌

臀大肌

股外侧肌

股二头肌

腹直肌

股直肌

股中间肌*

股内侧肌

腓肠肌

胫骨前肌

✓
• 核心收紧
• 双脚紧贴地面

✗
• 膝关节超过脚尖

臀中肌*

大收肌*

股二头肌

半腱肌

半膜肌

**起始**

站立，双脚分开，与肩同宽，挺胸直背，
核心收紧，双臂前平举至与地面平行。

**过程**

屈髋、屈膝下蹲至大腿与地面接近平行。
恢复起始姿势，完成规定的次数。

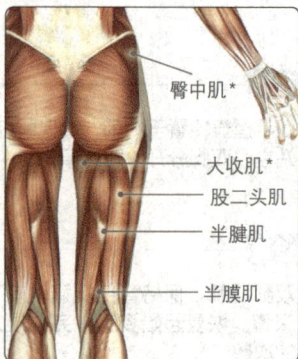

**呼吸**

全程均匀呼吸

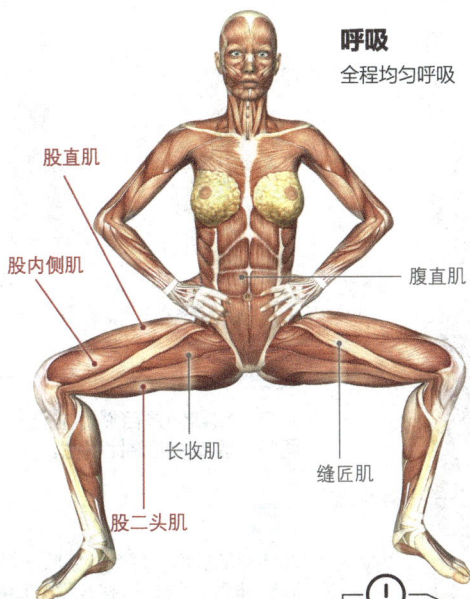

股直肌

股内侧肌

腹直肌

长收肌

缝匠肌

股二头肌

- 核心收紧
- 腰背挺直
- 保持蹲姿
- 躯干保持稳定

- 膝关节过度伸展，超过脚尖
- 肩部上耸

若膝关节存在不适，则不建议进行此项训练

背阔肌

臀小肌*
臀中肌*
臀大肌

大收肌*

股二头肌

半膜肌

**起始**

站立，双脚间距约为两倍肩宽，脚尖向外，双手扶腰，目视前方。

**过程**

双腿屈膝下蹲，至大腿与地面平行，膝关节与脚尖方向保持一致。恢复起始姿势，完成规定的次数。

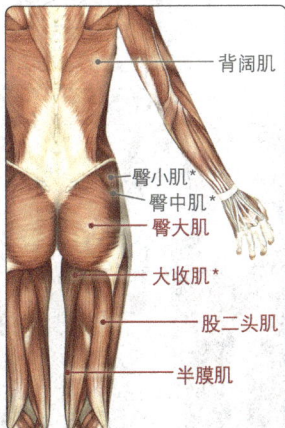

105

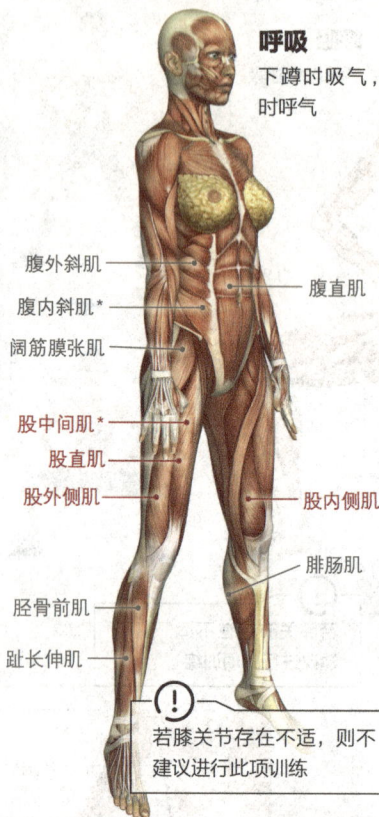

**深蹲跳**

**呼吸**

下蹲时吸气，跳起
时呼气

腹外斜肌

腹内斜肌*

阔筋膜张肌

股中间肌*

股直肌

股外侧肌

胫骨前肌

趾长伸肌

腹直肌

股内侧肌

腓肠肌

(!) 若膝关节存在不适，则不
建议进行此项训练

**起始**

站立，双臂伸直自然下垂于身体
两侧，双脚间距略比肩宽。

**过程**

保持背部挺直，屈髋、屈膝下蹲。
双臂伸直上抬至与肩齐平。顶髋
起身，向上跳起，双臂顺势下放
于身体两侧。双腿微屈膝缓冲落
地。恢复起始姿势，完成规定的
次数。

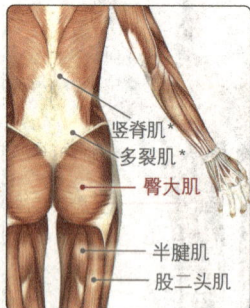

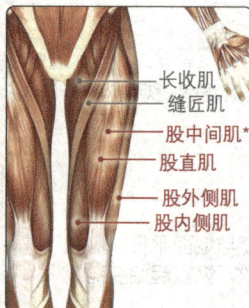

✔ ·后背挺直，核
心收紧，保持挺
胸抬头

✘ ·落地时过度用力

竖脊肌*

多裂肌*

臀大肌

半腱肌

股二头肌

长收肌

缝匠肌

股中间肌*

股直肌

股外侧肌

股内侧肌

106

**呼吸**

下蹲时吸气，站起
时呼气

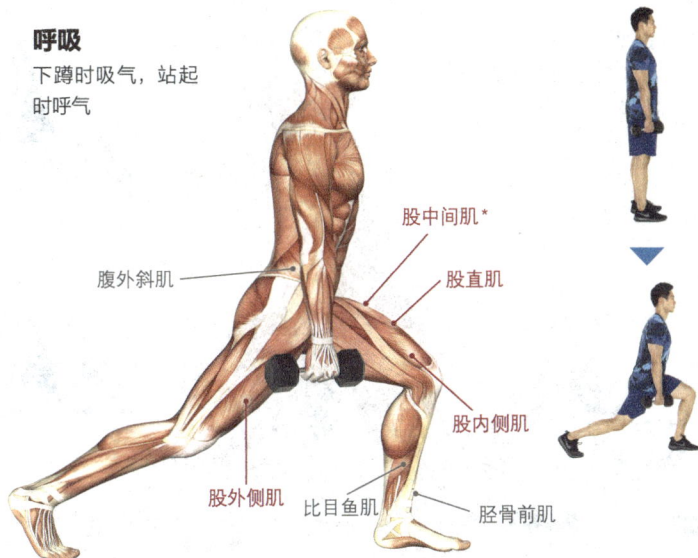

哑铃弓步蹲

股中间肌*

腹外斜肌

股直肌

股内侧肌

股外侧肌

比目鱼肌

胫骨前肌

✅
• 躯干保持直立
• 膝关节和脚尖
方向一致向前

❌
• 身体向一侧倾斜
• 膝关节超过脚尖

! 若膝关节存在不适，则不
建议进行此项训练

**起始**

站立，双手各握一只哑铃，自然下垂于身
体两侧。

**过程**

一侧脚向前迈步，屈膝呈弓步。恢复直立
姿势。另一侧脚向前迈步，屈膝呈弓步。
恢复直立姿势。两侧交替进行，完成规定
的次数。

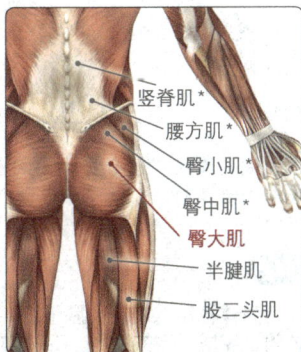

竖脊肌*

腰方肌*

臀小肌*

臀中肌*

臀大肌

半腱肌

股二头肌

107

**哑铃后腿抬高弓步蹲**

**呼吸**

蹲下时吸气，恢复
时呼气

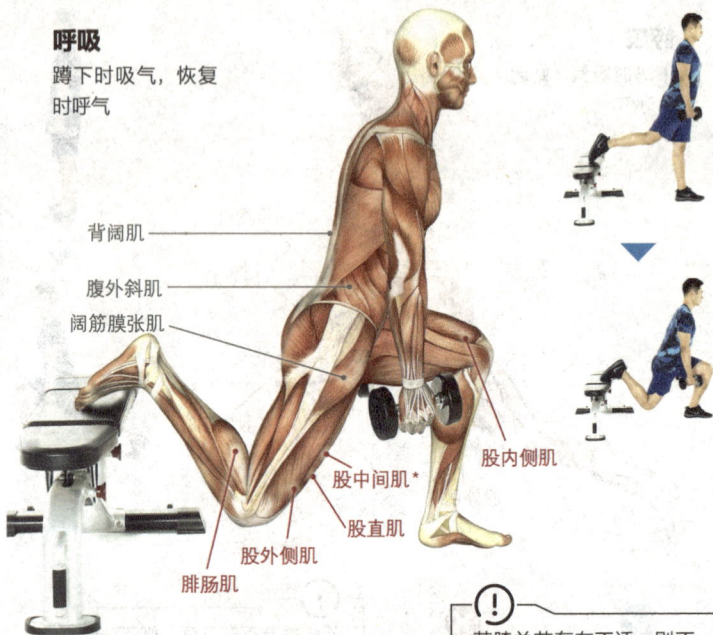

背阔肌

腹外斜肌

阔筋膜张肌

股中间肌*

股直肌

股外侧肌

腓肠肌

股内侧肌

!  若膝关节存在不适，则不
建议进行此项训练

✓
• 躯干保持直立
• 膝关节和脚尖
方向一致向前

✗
• 膝关节超过脚尖
• 膝关节内扣

臀小肌*

臀中肌*

**臀大肌**

半腱肌

股二头肌

半膜肌

**起始**

后腿抬高放在训练椅上，双手握哑铃自然
垂落于身体两侧。

**过程**

保持身体稳定，前腿屈膝下蹲。恢复起始
姿势，完成规定的次数。对侧亦然。

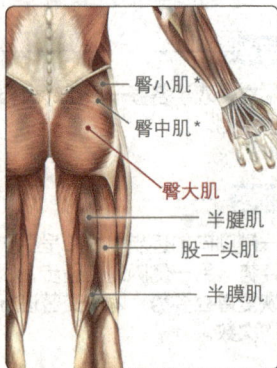

**呼吸**

站起时呼气，下蹲时吸气

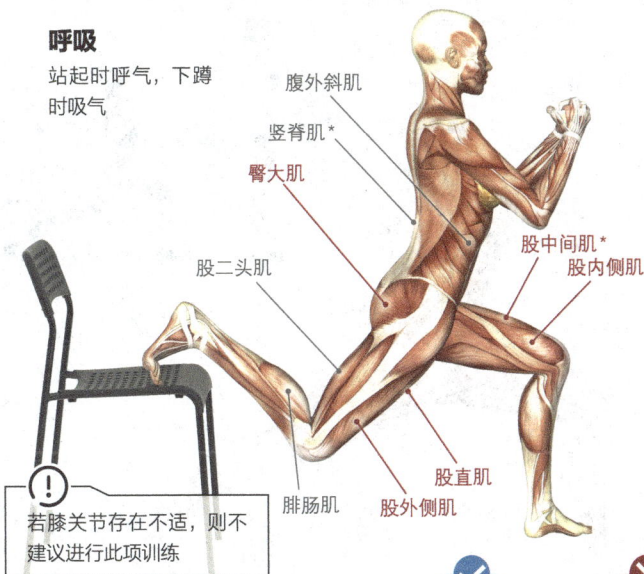

腹外斜肌

竖脊肌*

臀大肌

股二头肌

股中间肌*
股内侧肌

股直肌

腓肠肌

股外侧肌

**后腿抬高弓步蹲**

! 若膝关节存在不适，则不建议进行此项训练

✓
- 膝关节与脚尖方向一致
- 躯干保持直立

✗
- 身体向一侧倾斜
- 背部拱起

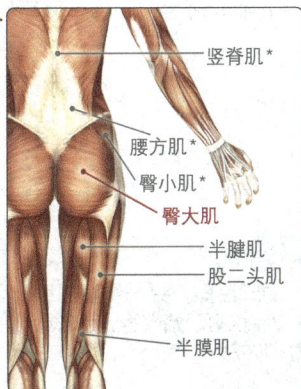

**起始**

站立，双手握拳屈肘置于胸前。后侧腿搭于训练椅上，前腿伸直，重心靠前。

**过程**

保持身体稳定，前腿屈膝下蹲，稍作停顿。恢复起始姿势，完成规定的次数。对侧亦然。

竖脊肌*

腰方肌*

臀小肌*

臀大肌

半腱肌
股二头肌

半膜肌

## 后弓步

**呼吸**
下蹲时吸气，站起时呼气

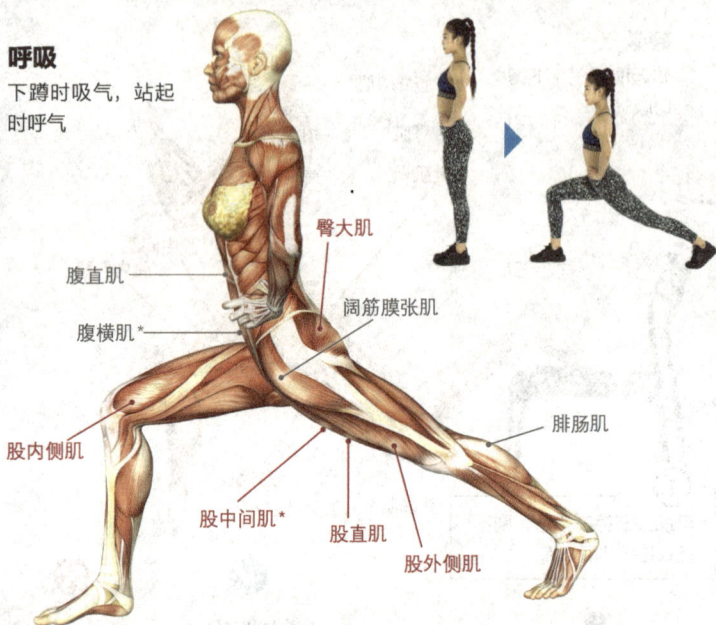

臀大肌
腹直肌
阔筋膜张肌
腹横肌*
股内侧肌
腓肠肌
股中间肌*
股直肌
股外侧肌

✓
• 核心收紧
• 背部保持平直

✗
• 膝关节超过脚尖
• 膝关节内扣

！ 若膝关节存在不适，则不建议进行此项训练

臀小肌*
臀中肌*
臀大肌
半腱肌
股二头肌
半膜肌

**起始**
站立，挺胸收腹，目视前方，双手扶腰。

**过程**
一侧脚后撤，另一侧腿屈膝，呈弓步姿势。恢复起始姿势，完成规定的次数。对侧亦然。

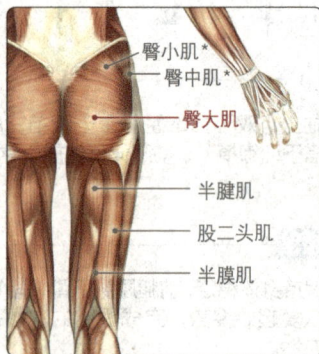

**呼吸**

下蹲时吸气，恢复时呼气

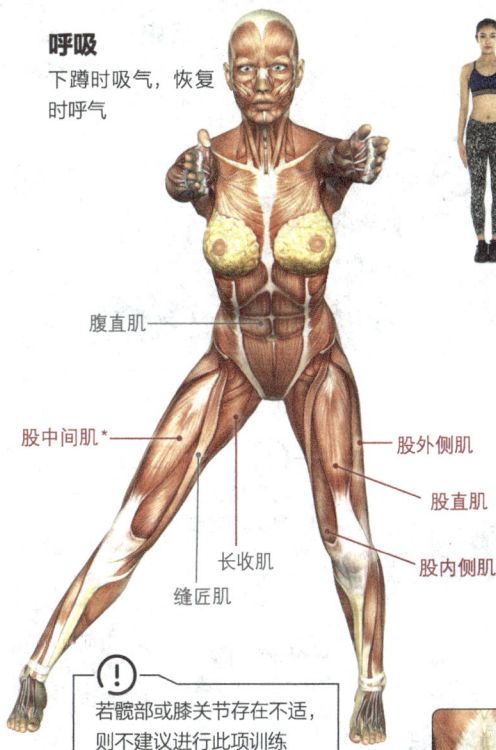

- 核心收紧
- 背部平直
- 放松颈部及肩部肌肉

- 膝关节超过脚尖
- 背部脊柱弯曲

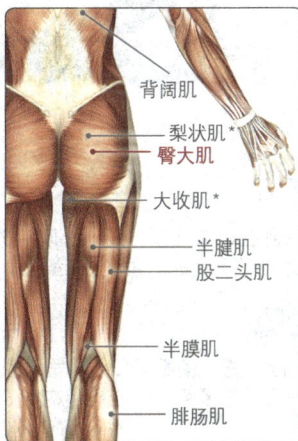

腹直肌

股中间肌*

长收肌

缝匠肌

股外侧肌

股直肌

股内侧肌

若髋部或膝关节存在不适，则不建议进行此项训练

背阔肌

梨状肌*

臀大肌

大收肌*

半腱肌

股二头肌

半膜肌

腓肠肌

**起始**

站立，挺胸直背，核心收紧，双手自然垂于身体两侧。

**过程**

双臂向前伸直，保持一侧腿伸直，另一侧腿向外跨一大步，屈髋、屈膝下蹲。另一侧腿蹬离地面快速站起，恢复起始姿势。完成规定的次数，对侧亦然。

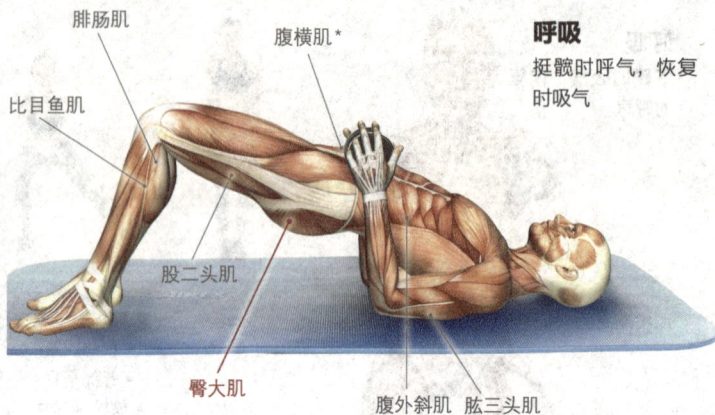

哑铃臀桥

腓肠肌

腹横肌*

**呼吸**
挺髋时呼气，恢复
时吸气

比目鱼肌

股二头肌

臀大肌

腹外斜肌　肱三头肌

⚠ 若下背部出现疼痛，则不
建议进行此项训练

✓
• 髋部伸展时膝、
髋和肩呈一条直线

✗
• 背部拱起
• 髋部下沉
• 颈部压力过大

腰方肌*

竖脊肌*

臀大肌*

大收肌*

半腱肌

股二头肌

半膜肌

**起始**

仰卧在瑜伽垫上，双手握哑铃放在身
上，双膝弯曲，双脚放在垫上。

**过程**

向上顶髋，使躯干和大腿呈一条直线。
恢复起始姿势，完成规定次数。

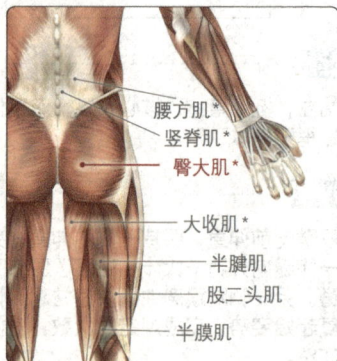

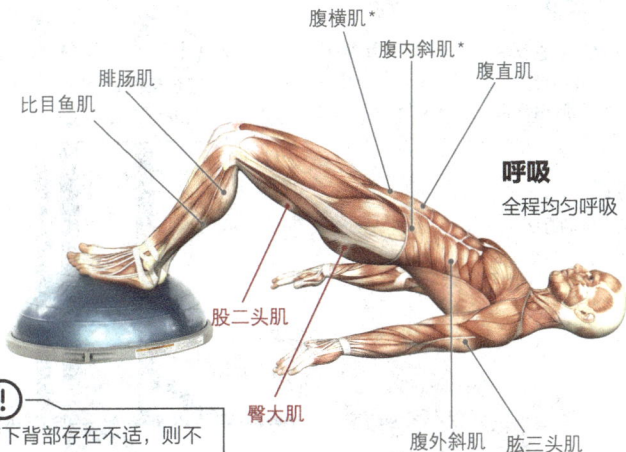

腹横肌*

腹内斜肌*

腹直肌

腓肠肌

比目鱼肌

**呼吸**
全程均匀呼吸

股二头肌

臀大肌

! 若下背部存在不适，则不
建议进行此项训练

腹外斜肌　　肱三头肌

- 核心收紧，躯干
  保持中立位

- 膝关节内扣
- 髋部和背部下沉

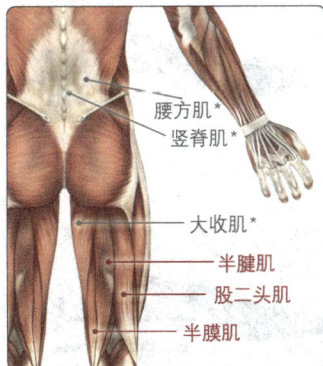

### 起始

仰卧于地上，BOSU 球曲面向上，
双脚放于曲面上，膝盖弯曲，双手
放于体侧。

腰方肌*
竖脊肌*

大收肌*

半腱肌

股二头肌

半膜肌

### 过程

臀部抬起，至躯干和大腿呈一条直
线。恢复起始姿势，完成规定的次数。

113

## 悬吊臀桥

✓
- 保持核心收紧
- 背部挺直
- 臀部肌肉收紧

✗
- 膝关节弯曲
- 髋部下塌
- 颈部压力过大

(!) 若颈部出现疼痛，则不建议进行此项训练

**呼吸**
全程均匀呼吸

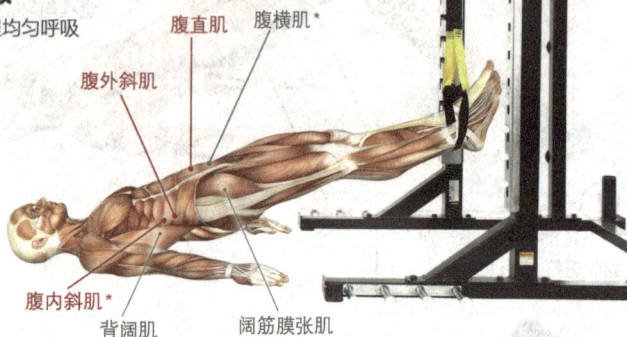

腹直肌　腹横肌*

腹外斜肌

腹内斜肌*

背阔肌　阔筋膜张肌

**起始**

仰卧，双腿伸直，双脚放在悬挂训练器把手上，双臂放在身体两侧。

**过程**

保持臀部收紧，向上顶髋，双腿膝关节伸直，保持姿势。恢复起始姿势，完成规定次数。

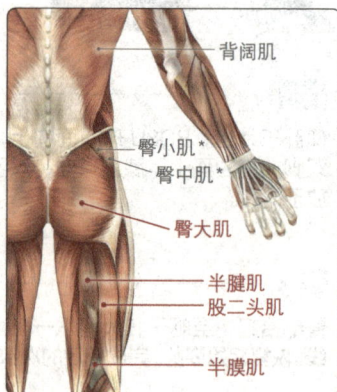

背阔肌

臀小肌*
臀中肌*

臀大肌

半腱肌
股二头肌

半膜肌

**呼吸**

俯身时吸气，恢复时呼气

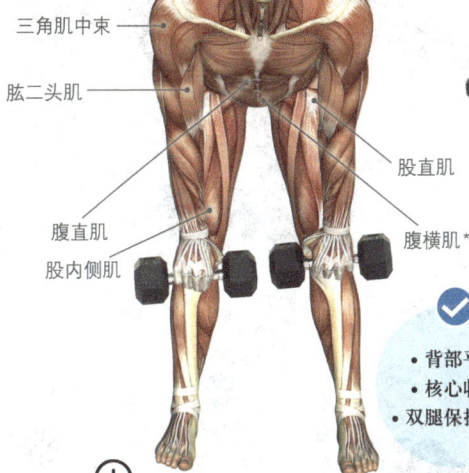

三角肌中束

肱二头肌

股直肌

腹直肌

腹横肌*

股内侧肌

哑铃硬拉

✓
- 背部平直
- 核心收紧
- 双腿保持伸直

✗
- 弯腰弓背
- 拉伸速度过快

❗ 若下背部存在不适，则不建议进行此项训练

**起始**

站立，双脚分开，与肩同宽。屈髋、屈膝，上身前俯，双手持哑铃置于小腿前方。

**过程**

保持背部挺直，臀部发力，向上提拉哑铃。提拉哑铃身体直立。恢复起始姿势，完成规定的次数。

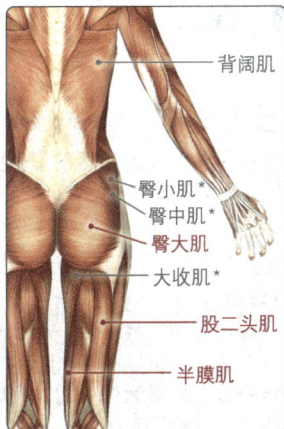

背阔肌

臀小肌*
臀中肌*
臀大肌
大收肌*
股二头肌
半膜肌

**哑铃单腿硬拉**

**呼吸**
俯身时呼气，恢复时吸气

股二头肌

臀大肌

三角肌

股直肌

腹直肌

股内侧肌

腓肠肌

(!) 若出现髋关节疼痛，则不建议进行此项训练

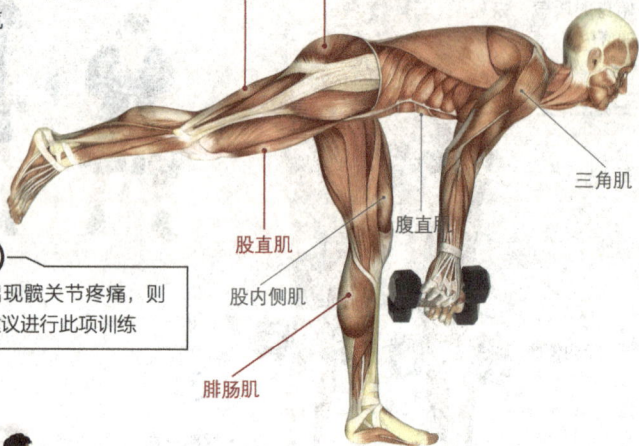

✓
- 核心收紧
- 背部挺直
- 骨盆保持中立位

✗
- 支撑腿屈膝
- 背部拱起

**起始**

双手握哑铃，双臂自然下垂于身体两侧，单脚站立。

**过程**

保持身体稳定，背部挺直，向下俯身。保持支撑腿伸直，上身前俯至平行于地面，同时一侧腿向后伸展，稍作停顿。恢复起始姿势，完成规定次数。对侧亦然。

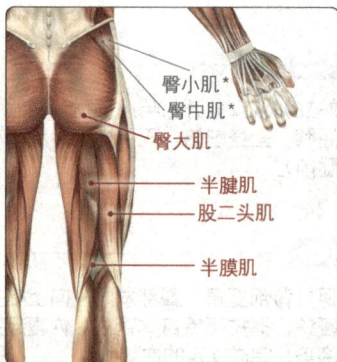

臀小肌*
臀中肌*
臀大肌
半腱肌
股二头肌
半膜肌

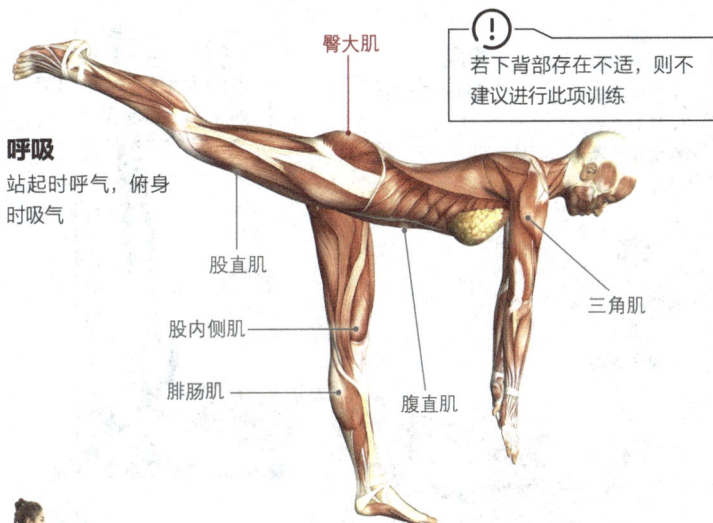

臀大肌

!

若下背部存在不适，则不建议进行此项训练

**呼吸**

站起时呼气，俯身时吸气

股直肌

股内侧肌

腓肠肌

腹直肌

三角肌

• 躯干挺直
• 非支撑腿脚尖向下，且与躯干呈一条直线

• 支撑腿屈膝
• 背部拱起

**起始**

站立，上身挺直，双臂自然垂落于身体两侧，右腿屈膝，脚尖点地。

**过程**

保持支撑腿伸直，上身前俯至平行于地面，同时一侧腿向后伸展，双臂伸直与地面垂直，稍作停顿。恢复起始姿势，完成规定的次数。对侧亦然。

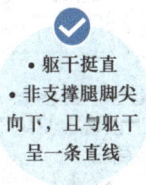

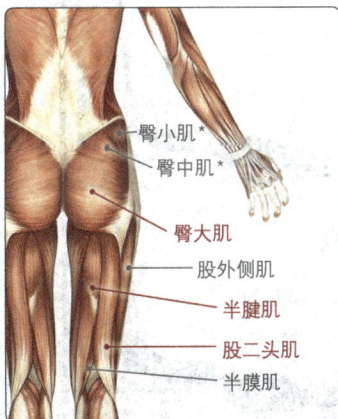

臀小肌*

臀中肌*

臀大肌

股外侧肌

半腱肌

股二头肌

半膜肌

117

# 悬吊髋外展

✓
- 双腿伸直
- 核心收紧
- 双脚保持稳定

✗
- 双腿膝关节弯曲
- 身体晃动

**呼吸**
全程均匀呼吸

⚠ 若出现髋关节疼痛，则不建议进行此项训练

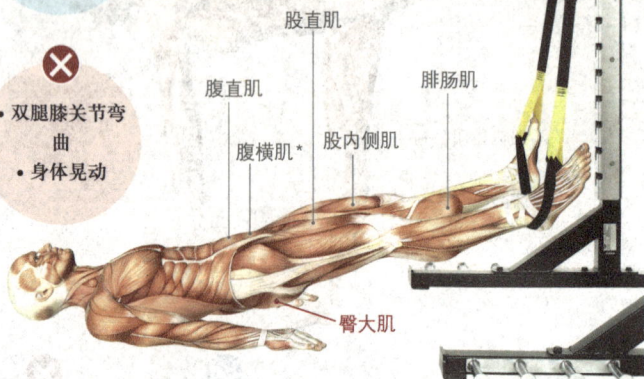

股直肌
腹直肌
腹横肌 *
股内侧肌
腓肠肌
臀大肌

**起始**

仰卧，双脚固定在悬挂训练器把手上，双膝伸直。向上顶髋，使躯干和下肢尽可能呈一条直线。

**过程**

保持身体姿势不变，双腿伸直，髋关节同时向两侧外展。恢复起始姿势，完成规定次数。

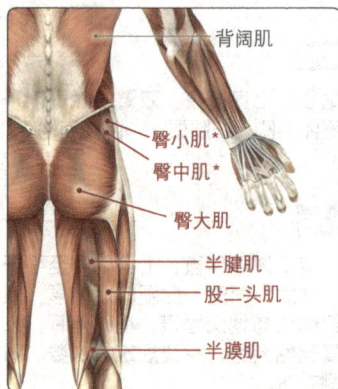

背阔肌
臀小肌 *
臀中肌 *
臀大肌
半腱肌
股二头肌
半膜肌

**呼吸**

髋关节外展时呼气，
恢复时吸气

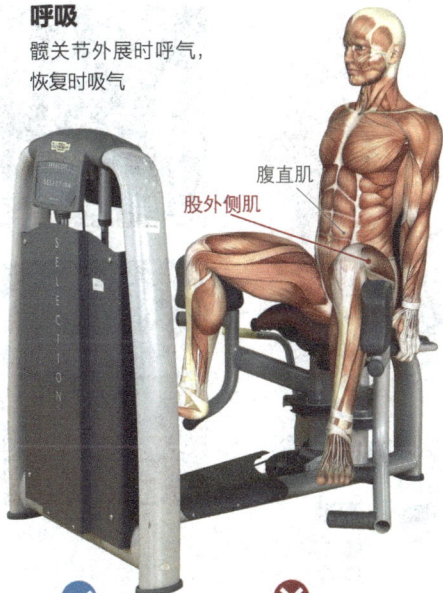

腹直肌

股外侧肌

器械髋外展

✓
• 后背和臀部
紧贴靠垫

✗
• 上身前倾，
背部拱起
• 膝关节压力过大

(!) 若出现髋关节疼痛，则不
建议进行此项训练

**起始**

坐于器械上，调整座椅位。脚放于
合适高度的踏板上，膝关节屈曲约
90 度，且膝外侧紧贴支撑垫。躯干
紧靠椅背，双手握住两侧把手。

**过程**

髋关节外展，膝外侧对抗支撑垫。
双腿外展至最大限度，稍作停顿，
恢复起始姿势。完成规定次数。

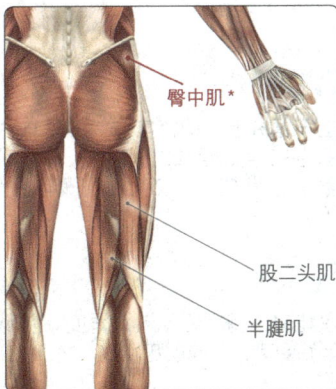

臀中肌*

股二头肌

半腱肌

119

**器械髋内收**

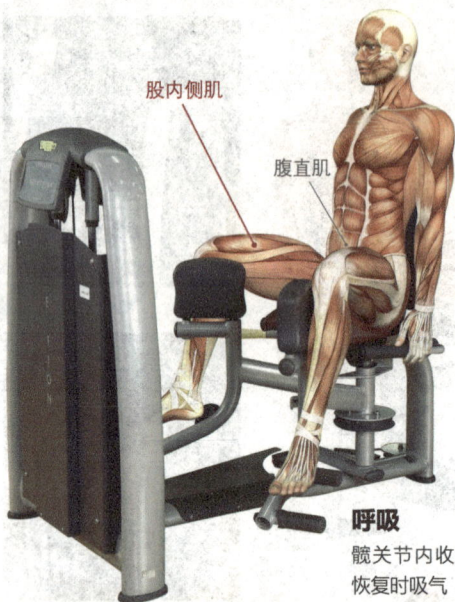

股内侧肌

腹直肌

**呼吸**

髋关节内收时呼气，
恢复时吸气

✅
• 后背和臀部
紧贴靠垫

❌
• 上身弯曲、前倾
• 速度过快

! 若出现髋关节疼痛，则不
建议进行此项训练

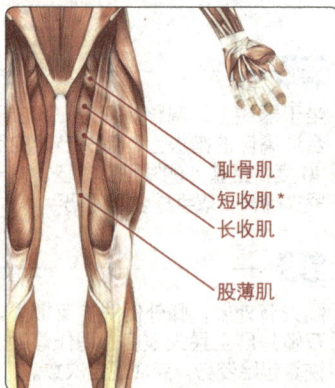

耻骨肌
短收肌*
长收肌

股薄肌

**起始**

坐于器械上，调整座位。膝关节屈
曲约 90 度，且膝内侧顶住支撑垫。
躯干紧靠椅背，双手握于两侧把
手上。

**过程**

双腿向内侧靠近至最大限度。恢复
起始姿势，完成规定次数。

120

**呼吸**

髋外展时呼气，恢复
时吸气

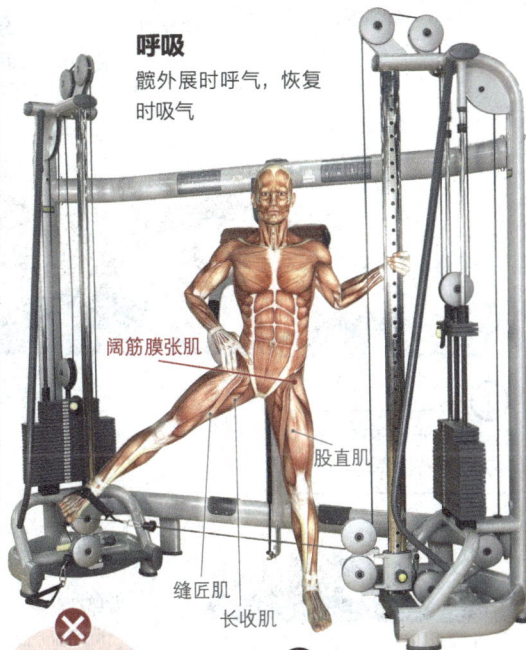

阔筋膜张肌

股直肌

缝匠肌

长收肌

- 上身保持挺直
- 核心收紧
- 控制骨盆位置

- 骨盆过度侧向
  倾斜
- 支撑腿移动

若出现髋关节疼痛，则不
建议进行此项训练

臀中肌 *

臀大肌

梨状肌 *

髂胫束 *

大收肌 *

半腱肌

股二头肌

腓肠肌

半膜肌

**起始**

侧对器械站立，躯干直立。外侧
脚固定阻力绳。

**过程**

外侧手扶腰，内侧手扶住器械，
内侧腿支撑，保持身体稳定。外
侧腿对抗阻力外展。外侧腿外展
至最大限度，保持身体稳定。恢
复起始姿势，完成规定次数。对
侧亦然。

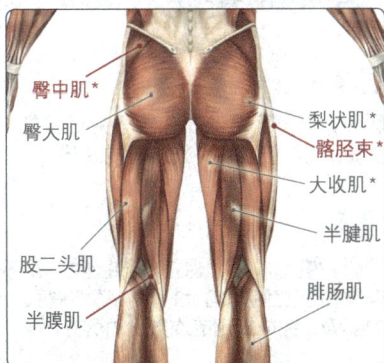

121

**蚌式**

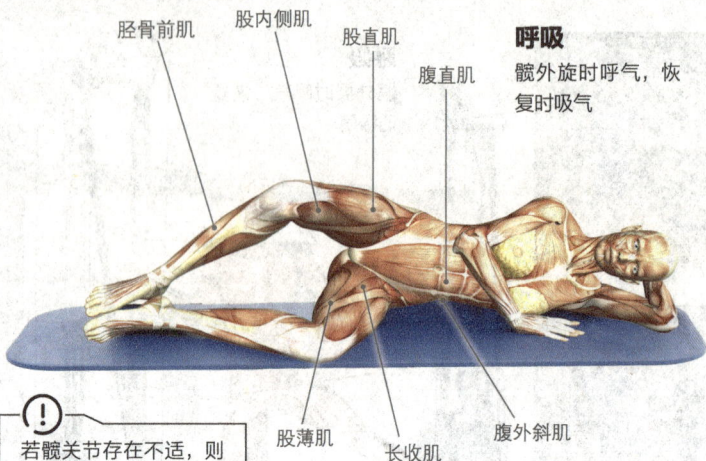

胫骨前肌　股内侧肌　股直肌

腹直肌

**呼吸**
髋外旋时呼气，恢复时吸气

股薄肌　　长收肌　　腹外斜肌

若髋关节存在不适，则不建议进行此项训练

✓
· 背部挺直
· 核心收紧
· 保持骨盆向前

✗
· 身体产生晃动
· 骨盆发生转动

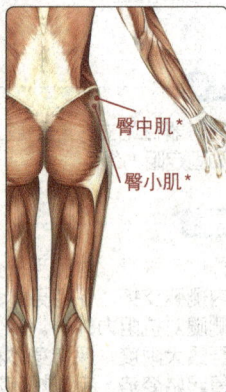

臀中肌*

臀小肌*

**起始**

侧卧，下侧手臂弯曲并置于头部下方，上侧手扶住胸部前方垫面，双腿并拢屈膝。

**过程**

核心和臀部收紧，保持双脚接触，髋部外侧肌群发力使上侧腿向上打开，稍作停顿。恢复起始姿势，完成规定的次数。对侧亦然。

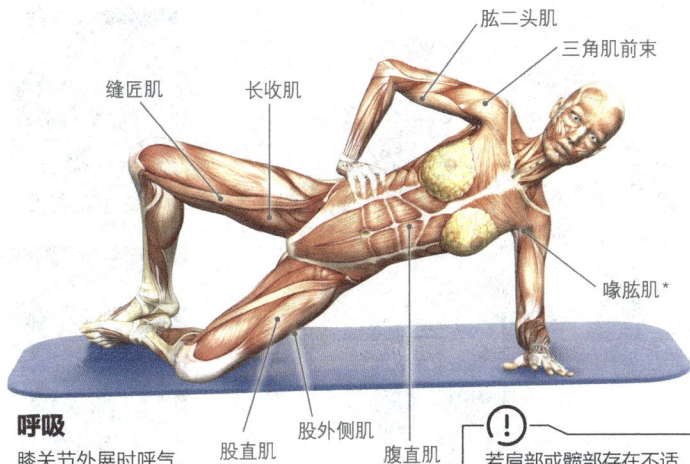

缝匠肌

长收肌

肱二头肌

三角肌前束

喙肱肌*

**侧支撑蚌式**

**呼吸**

膝关节外展时呼气，
恢复时吸气

股直肌

股外侧肌

腹直肌

> **!** 若肩部或髋部存在不适，
> 则不建议进行此项训练

✓
- 核心收紧
- 背部挺直
- 保持骨盆向前

✗
- 肩部放松上耸
- 髋部下沉

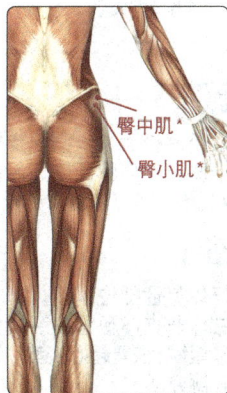

臀中肌*

臀小肌*

**起始**

侧卧，一侧手撑于垫上，另一侧手扶髋。双腿
屈膝，脚跟并拢。

**过程**

臀部发力，将髋部抬离垫面。腰部、核心紧绷，
臀部外侧发力使上侧腿的膝关节向外打开。恢
复起始姿势，完成规定的次数。对侧亦然。

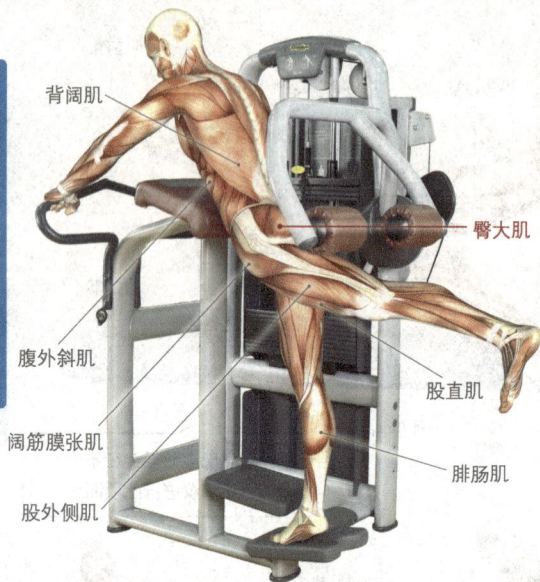

器械伸髋

背阔肌

臀大肌

腹外斜肌

股直肌

阔筋膜张肌

腓肠肌

股外侧肌

**呼吸**

腿后伸时呼气，恢复时吸气

• 保持背部挺直
• 臀部肌肉收紧
• 髋关节固定

• 上身弯曲
• 支撑腿移动

> (!) 若出现髋关节疼痛，则不建议进行此项训练

### 起始

站于器械上，一侧腿支撑于踏板，另一侧腿的大腿膝关节后侧紧贴横垫，双手握住前方把手。

### 过程

身体其他部位固定，非支撑腿下压器械。非支撑腿继续后展至与身体呈一条直线。恢复起始姿势，完成规定次数。对侧亦然。

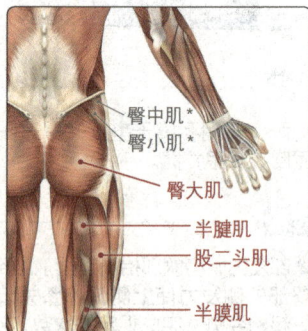

臀中肌*

臀小肌*

臀大肌

半腱肌

股二头肌

半膜肌

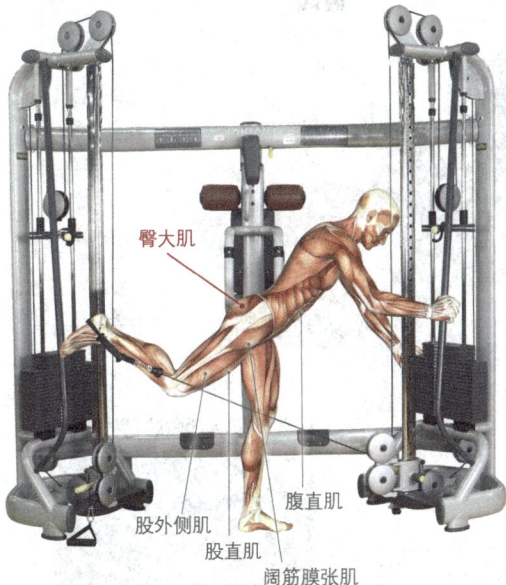

臀大肌

股外侧肌
股直肌
阔筋膜张肌
腹直肌

**呼吸**

大腿后伸时呼气，
恢复时吸气

✓
· 背部保持挺直
· 支撑腿保持稳定

✗
· 背部拱起
· 支撑腿移动位置

若出现髋关节疼痛，则不
建议进行此项训练

**起始**

站立，单腿半蹲，躯干挺直且略向前
俯身，双手扶于器械。另一侧腿屈膝
屈髋约90度，阻力绳固定于脚后跟处。

**过程**

身体保持稳定，非支撑腿伸膝伸髋向
后伸展。非支撑腿向后伸展至大腿与
身体尽可能呈一条直线。稍作停顿，
恢复起始姿势。完成规定次数，对侧
亦然。

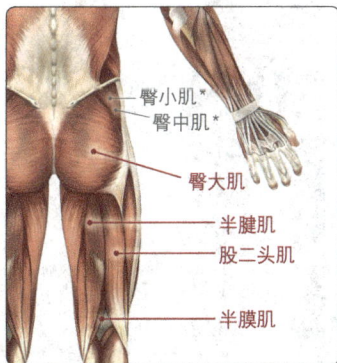

臀小肌*
臀中肌*
臀大肌
半腱肌
股二头肌
半膜肌

125

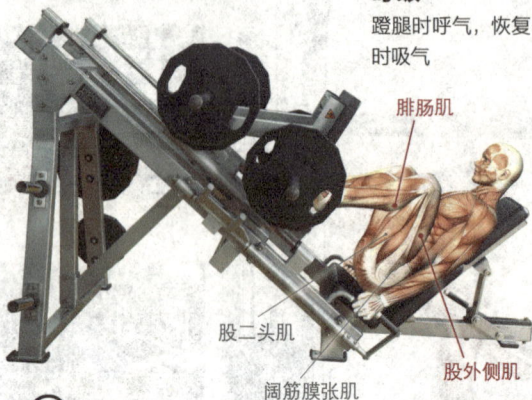

**呼吸**
蹬腿时呼气，恢复
时吸气

腓肠肌

股二头肌

阔筋膜张肌

股外侧肌

✓

• 膝关节和脚尖
  方向一致向上

✗

• 膝关节外展
• 膝关节压力过大

器械倒蹬

⚠ 若出现膝关节疼痛，则不
建议进行此项训练

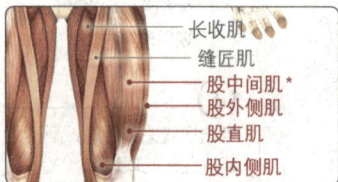

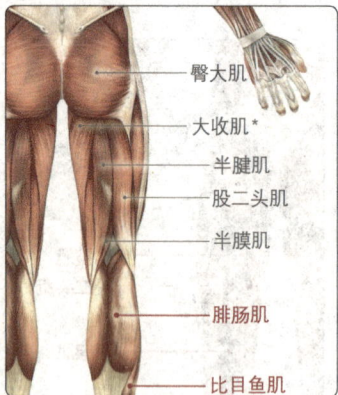

长收肌
缝匠肌
股中间肌*
股外侧肌
股直肌
股内侧肌

臀大肌

大收肌*
半腱肌
股二头肌
半膜肌

腓肠肌

比目鱼肌

**起始**

坐于器械上，后背紧贴靠垫，双手抓
握两侧制动杆。

**过程**

打开制动杆，屈髋屈膝至最大限度，
小腿尽可能与地面平行。恢复起始姿
势，完成规定次数。

股直肌

股内侧肌

腹直肌

腓肠肌

股外侧肌

**呼吸**

蹬腿时呼气，恢复
时吸气

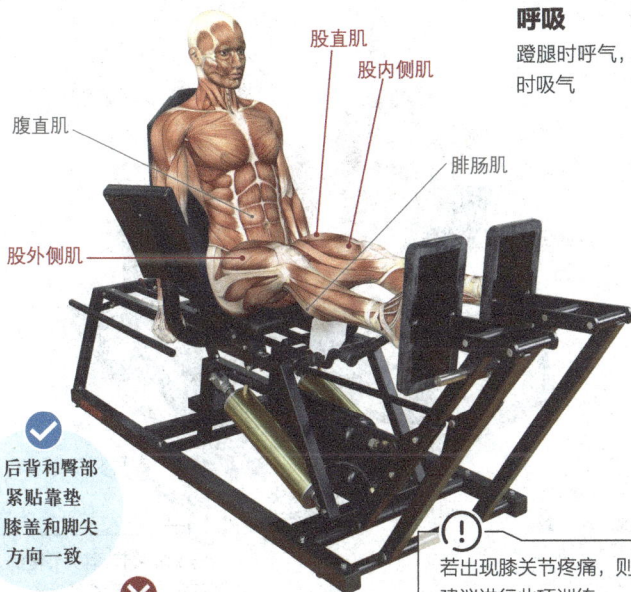

**器械坐姿蹬腿**

- 后背和臀部
紧贴靠垫
- 膝盖和脚尖
方向一致

- 膝关节外展
- 背部拱起、前倾

若出现膝关节疼痛，则不
建议进行此项训练

**起始**

坐于器械上，调整座椅位。双腿屈膝约90度，
双脚踩在蹬踏板上。后背紧贴靠椅，双手握
住两侧可调节阻力手柄。

**过程**

身体挺直，保持核心收紧，双腿同时发力快
速向前蹬至双腿伸直，稍作停顿，恢复起始
姿势。完成规定次数。

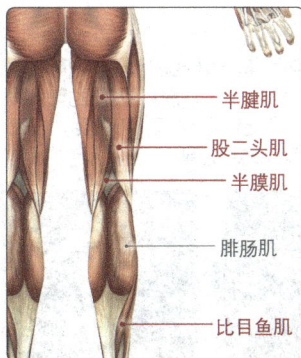

半腱肌

股二头肌

半膜肌

腓肠肌

比目鱼肌

**呼吸**

蹬腿时呼气，恢复时吸气

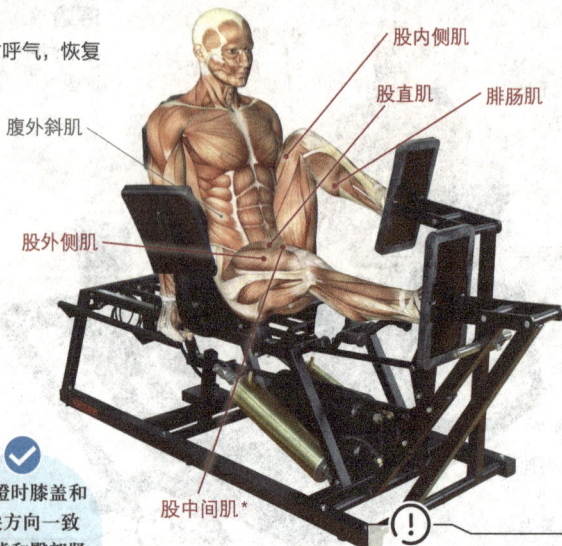

股内侧肌

股直肌

腓肠肌

腹外斜肌

**器械坐姿交替蹬腿**

股外侧肌

股中间肌*

- 推蹬时膝盖和脚尖方向一致
- 后背和臀部紧贴靠垫

- 背部拱起、前俯
- 膝关节锁死

若出现膝关节、髋关节疼痛，则不建议进行此项训练

半腱肌

股二头肌

半膜肌

腓肠肌

比目鱼肌

**起始**

坐于器械上，调整座椅位。双腿屈膝约90度，双脚，踩在蹬踏板上。后背紧贴靠椅，双手握住两侧可调节阻力手柄。

**过程**

保持身体姿势不变，一侧腿伸髋伸膝向前推蹬至腿伸直。身体收紧，屈膝腿快速向前蹬伸，同时另一侧腿快速屈膝约90度。恢复起始姿势，完成规定次数。

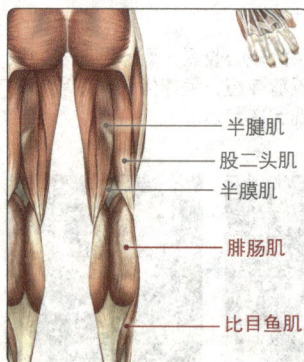

**呼吸**

膝关节伸展时呼气，
恢复时吸气

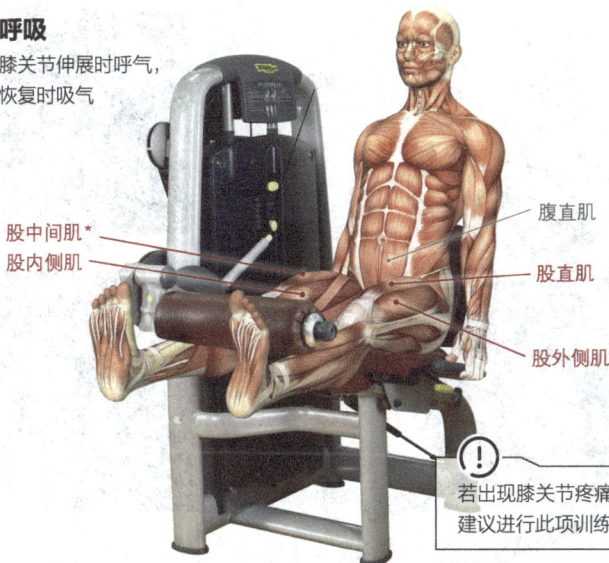

股中间肌*
股内侧肌

腹直肌

股直肌

股外侧肌

器械坐姿伸膝

! 若出现膝关节疼痛，则不
建议进行此项训练

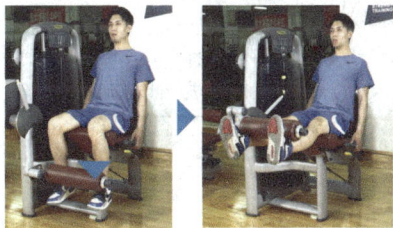

✓
• 后背和臀部
　紧贴靠垫

✗
• 背部拱起、前倾
• 膝关节压力过大

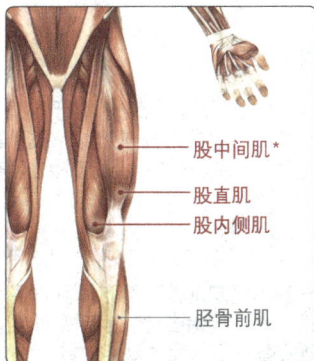

**起始**

坐于器械上，调整座椅位和踝部支撑垫，
膝关节后部紧贴椅子边缘。躯干紧靠椅背，
双手握紧两侧把手。

**过程**

膝关节对抗阻力尽量向上提起。双腿向
上抬起至基本伸直，稍作停顿，恢复起
始姿势。完成规定次数。

股中间肌*

股直肌
股内侧肌

胫骨前肌

器械坐姿交替伸膝

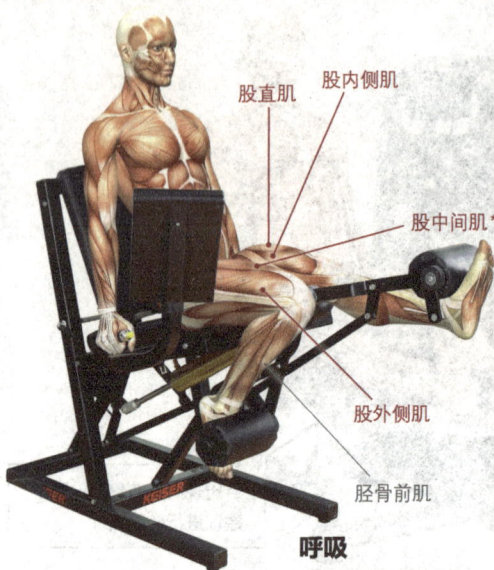

股直肌

股内侧肌

股中间肌*

股外侧肌

胫骨前肌

**呼吸**

膝关节伸展时呼气，恢复时吸气

若出现膝关节疼痛，则不建议进行此项训练

✓
• 后背和臀部紧贴靠垫

✗
• 上身前倾，背部拱起

臀大肌

大收肌*

半腱肌

股二头肌

半膜肌

**起始**

坐于器械上，踝关节上部位于横垫下，膝关节后部紧贴椅子边缘，躯干紧靠椅背，双手握紧两侧可调节阻力手柄。

**过程**

一侧小腿向前伸展至该侧腿伸直。屈膝，恢复起始姿势，换对侧伸展。两侧交替进行，完成规定次数。

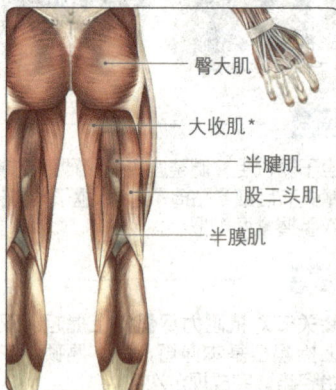

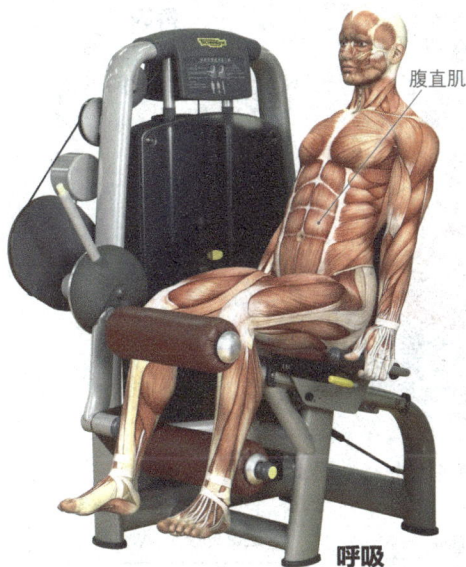

腹直肌

**呼吸**
膝关节屈曲时呼气，
恢复时吸气

✓
• 后背和臀部紧
  贴靠垫
• 大腿发力

✗
• 上身前倾

(!) 若出现膝关节疼痛，则不
建议进行此项训练

**起始**

坐于器械上，踝关节后部支撑于横垫，
小腿近膝端前部位于横垫下，膝关节后
部紧贴椅子边缘，躯干紧靠椅背，双手
握紧两侧把手。

**过程**

小腿向后，逐渐靠近座椅。膝关节对抗
阻力屈曲至最大限度，然后恢复起始姿
势。完成规定次数。

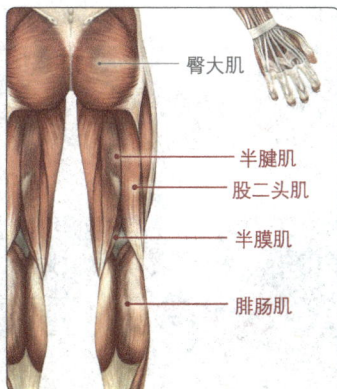

臀大肌

半腱肌
股二头肌

半膜肌

腓肠肌

131

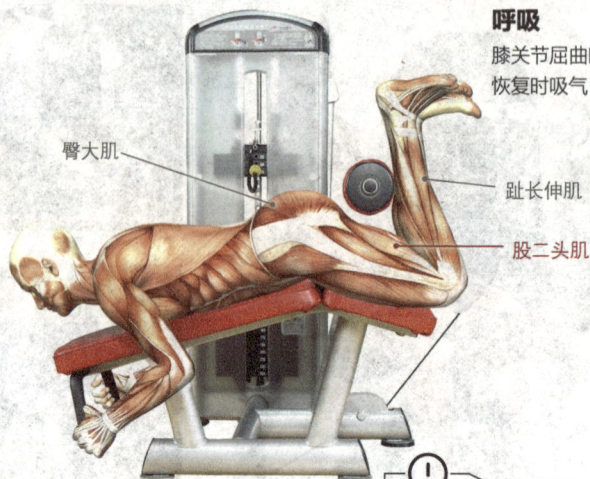

器械俯卧腿弯举

呼吸
膝关节屈曲时呼气，
恢复时吸气

臀大肌

趾长伸肌

股二头肌

若膝关节存在不适，则不
建议进行此项训练

**起始**

俯卧于器械上，双腿伸直，脚踝上方
位于滚轴下方，双手握紧把手。

**过程**

上身及大腿保持不动，双腿屈膝向后
勾腿至极限，感受腿部前侧肌肉拉伸。
稍作停顿。恢复起始姿势，完成规定
的次数。

- 上身固定
- 背部挺直

- 上身向上抬起
- 髋部向上抬起

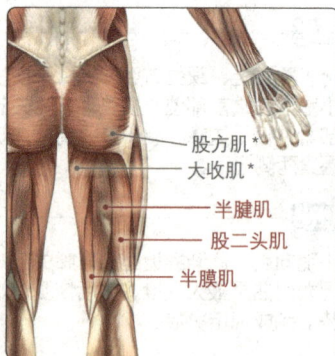

股方肌*
大收肌*
半腱肌
股二头肌
半膜肌

**呼吸**

膝关节屈曲时呼气，
恢复时吸气

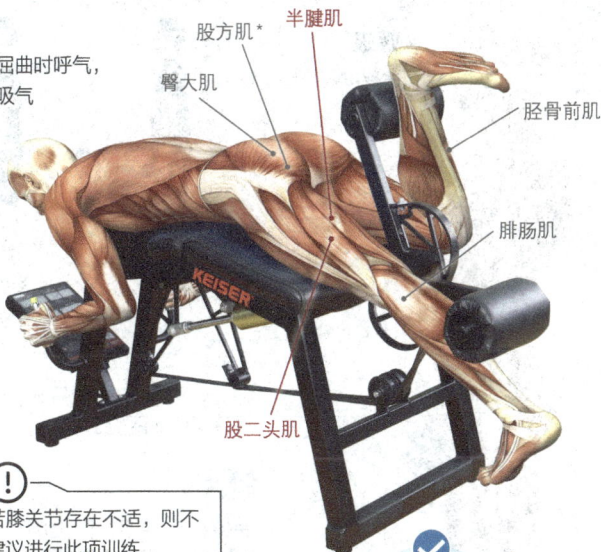

股方肌 *

半腱肌

臀大肌

胫骨前肌

腓肠肌

股二头肌

（!）若膝关节存在不适，则不
建议进行此项训练

• 略微屈膝
• 臀部收紧

✕
• 双腿同时
弯曲伸直
• 髋部向上抬起

**起始**

俯卧于器械上，手扶把手，将双腿脚踝上
方位置放于滚轴下方。

**过程**

保持身体稳定，一侧腿向后弯曲。还原，
另一侧腿向后弯屈。恢复起始姿势，完
成规定的次数。

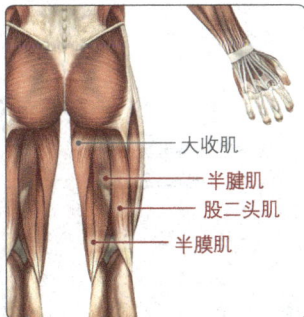

大收肌

半腱肌

股二头肌

半膜肌

## 哑铃提踵

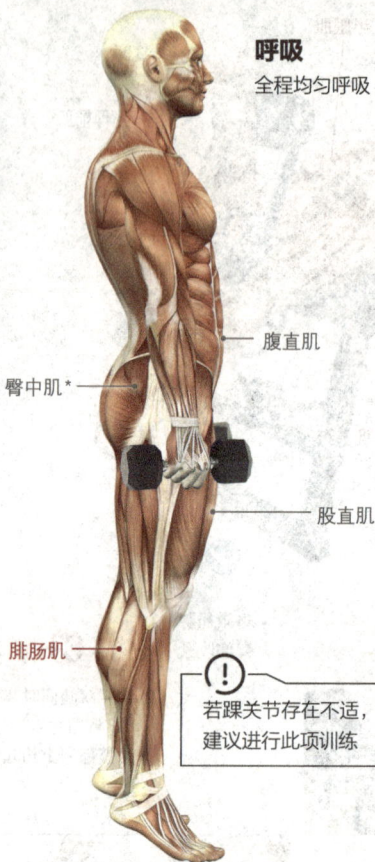

**呼吸**
全程均匀呼吸

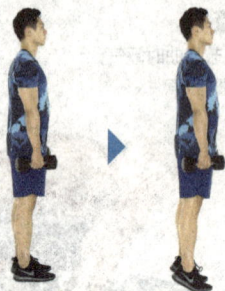

腹直肌

臀中肌*

股直肌

腓肠肌

**起始**

站立，双手各握一只哑铃，自然垂落于身体两侧。

**过程**

保持身体稳定，向上踮起脚尖。恢复起始姿势，完成规定的次数。

(!) 若踝关节存在不适，则不建议进行此项训练

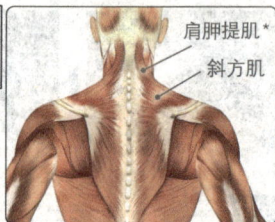

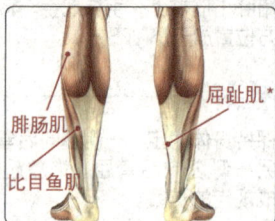

肩胛提肌*

斜方肌

腓肠肌

屈趾肌*

比目鱼肌

✓
• 双腿保持挺直
• 身体保持稳定
• 背部挺直
• 核心收紧

✗
• 膝关节弯曲
• 背部向前弯曲

134

**呼吸**

提踵时呼气,恢复时吸气

半腱肌

半膜肌

股二头肌

腓肠肌

比目鱼肌

**绳索提踵**

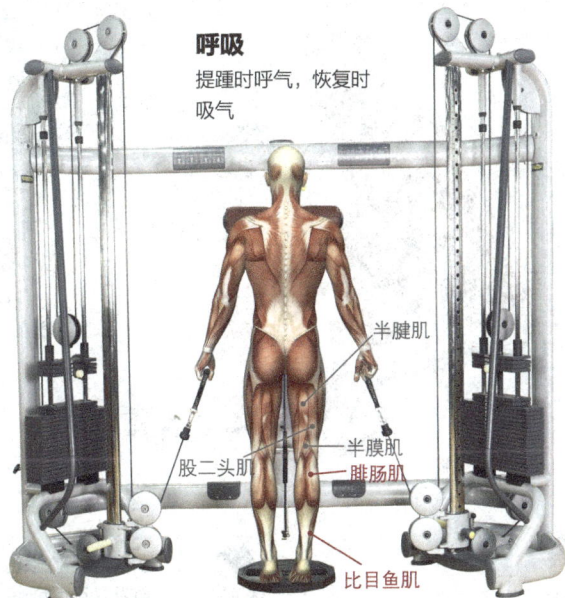

- 双腿保持伸直
- 背部保持挺直
- 身体保持稳定

- 膝关节弯曲
- 背部拱起
- 重心不稳

若出现踝关节疼痛,则不建议进行此项训练

**起始**

站立,双脚并拢,双手各持相同阻力把手于身体两侧。

**过程**

控制身体稳定,双脚对抗手臂阻力,向上提踵至最大限度,然后恢复起始姿势。完成规定次数。

## 4字拉伸

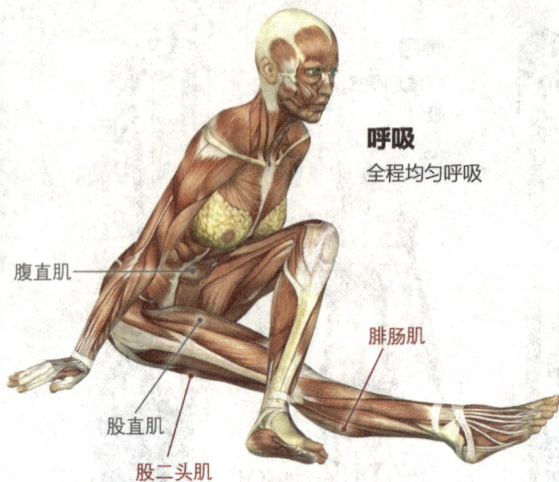

**呼吸**
全程均匀呼吸

腹直肌

腓肠肌

股直肌

股二头肌

- 可略微低头，增加拉伸幅度
- 背部保持平直

- 背部过度后弯

若下背部存在损伤，则不建议进行此项训练

**起始**

坐于地上，一侧腿向前伸直，另一侧腿屈膝，放于对侧大腿上，腿部呈"4"字形。双手扶于两侧地面，背部挺直。

**过程**

胸部向双腿方向移动，至臀部肌肉有中等程度的牵拉感。保持动作至规定时间，对侧亦然。

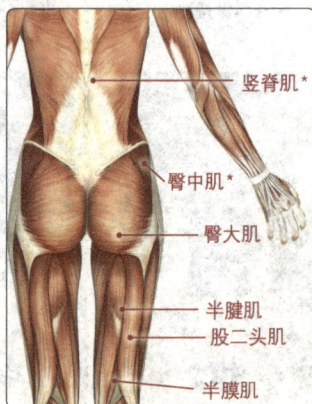

竖脊肌*

臀中肌*

臀大肌

半腱肌

股二头肌

半膜肌

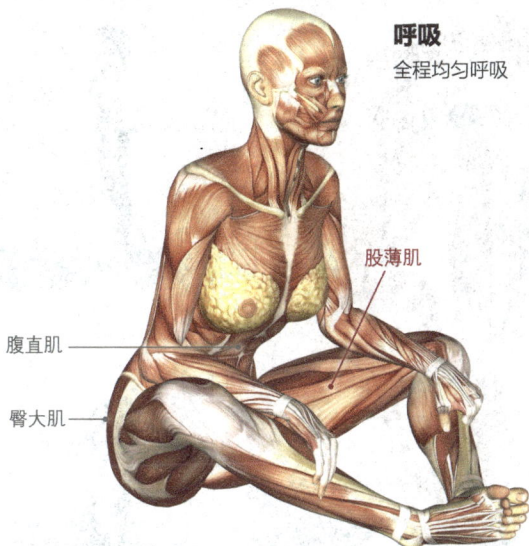

**呼吸**
全程均匀呼吸

股薄肌

腹直肌

臀大肌

蝶式拉伸

- 背部拱起
- 身体前后摇摆

- 背部挺直

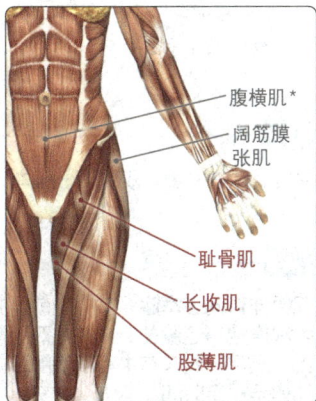

若髋部存在不适，则不建议进行此项训练

腹横肌 *

阔筋膜
张肌

耻骨肌

长收肌

股薄肌

**起始**

坐于地上，背部挺直，双腿屈膝，双脚靠拢。双手握住踝关节上方，并将前臂分别置于大腿膝关节内侧。

**过程**

胸部向双腿间逐渐靠拢，至大腿内侧肌肉有中等程度的牵拉感。保持动作至规定时间。

臀大肌

背阔肌

**体前屈**

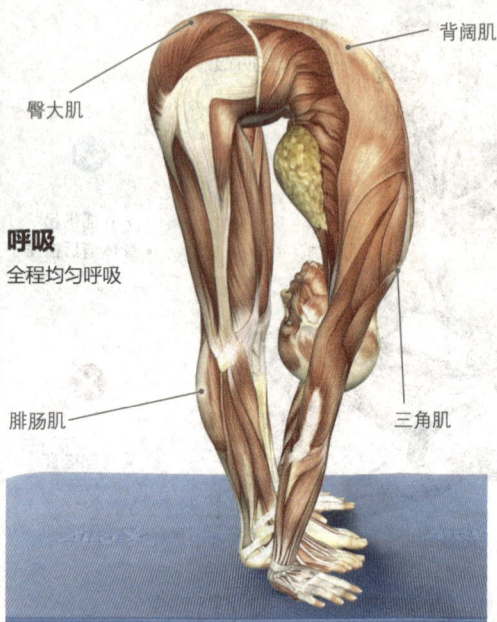

**呼吸**
全程均匀呼吸

腓肠肌

三角肌

- 双脚平放于
  瑜伽垫上
- 放松颈部和肩部

- 脚跟离地

⚠ 若颈部或腰背部不适，则
不建议进行此项训练

臀大肌

半腱肌

股二头肌

半膜肌

**起始**

站立，双脚并拢，双臂落于身体两侧。

**过程**

双臂伸直向上举起，掌心向前。俯身使头最
大限度地靠近膝关节，并将双手置于瑜伽垫
上，至目标肌肉有中等程度的牵拉感。保持
动作至规定时间。

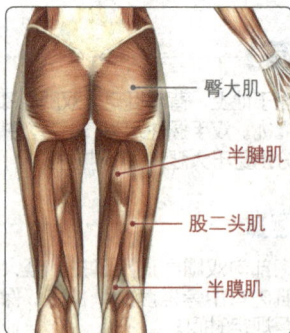

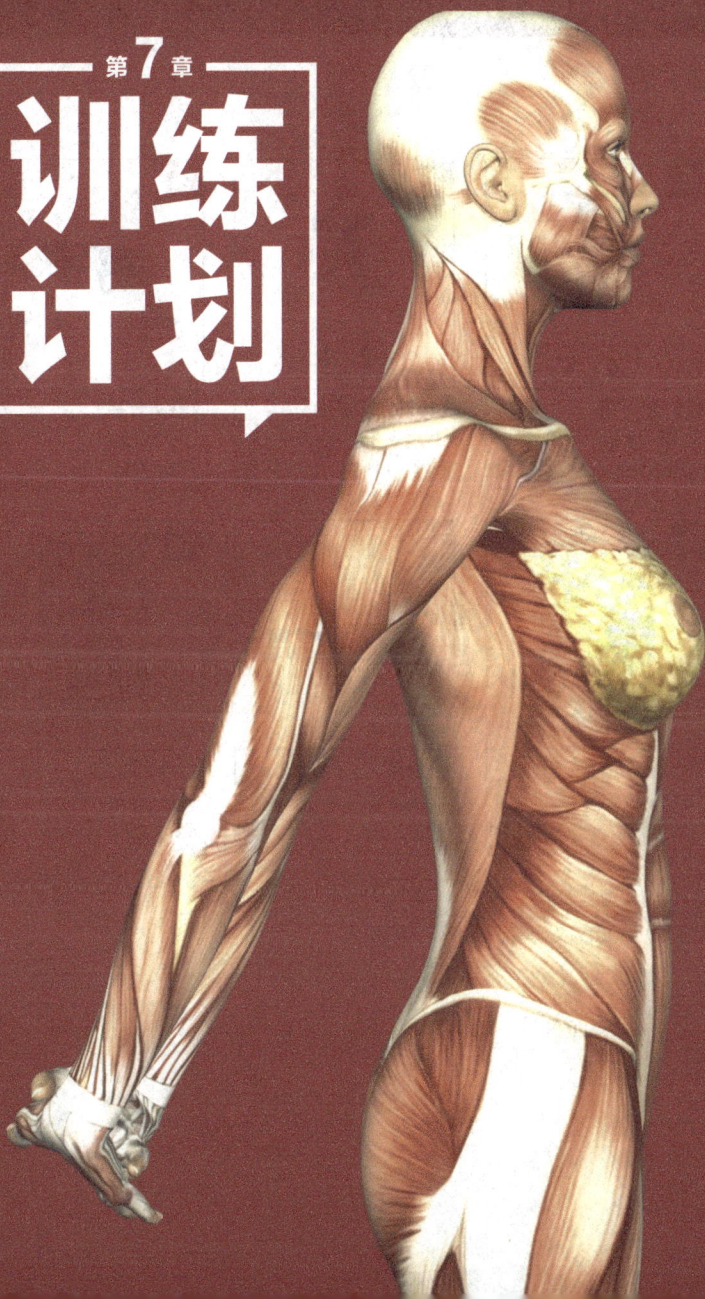

第7章

训练计划

**哑铃前平举**
12次 ×2组
间歇 30 秒
第18页

**哑铃俯身划船**
10次 ×3组
间歇 30 秒
第57页

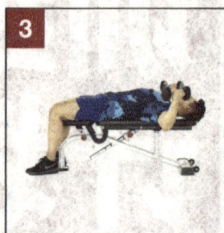

**哑铃飞鸟**
12次 ×2组
间歇 30 秒
第46页

**绳索俯身下拉**
10次 ×3组
间歇 30 秒
第65页

**俯卧撑**
12次 ×2组
间歇 30 秒
第49页

**引体向上**
5次 ×3组
间歇 30 秒
第67页

热身提示：激活核心，重点活动肩关节。
放松提示：重点放松肩部、胸部和背部肌肉。

# 核心训练计划

**1**

### 哑铃球上卷腹
12 次 ×2 组
间歇 30 秒

第 76 页

**2**

### 侧平板支撑
30 秒 / 侧 ×3 组
间歇 30 秒

第 75 页

**3**

### 哑铃单腿两头起
12 次 / 侧 ×3 组
间歇 30 秒

第 85 页

**4**

### BOSU 球死虫式
10 次 ×3 组
间歇 30 秒

第 94 页

**5**

### 器械半跪姿上提
10 次 / 侧 ×3 组
间歇 30 秒

第 96 页

**6**

### 器械半跪姿下砍
10 次 / 侧 ×3 组
间歇 30 秒

第 97 页

**7**

### 哑铃俯身划船
10 次 ×3 组
间歇 30 秒

第 57 页

**8**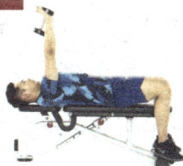

### 哑铃上拉
12 次 ×2 组
间歇 30 秒

第 66 页

热身提示：激活核心。
放松提示：重点放松腹部和臀部肌肉。

# 下肢训练计划

**哑铃深蹲**
10 次 ×3 组
间歇 30 秒

第102页

**后弓步**
12 次 / 侧 ×3 组
间歇 30 秒

第110页

**侧弓步**
12 次 / 侧 ×3 组
间歇 30 秒

第111页

**哑铃单腿硬拉**
10 次 / 侧 ×3 组
间歇 30 秒

第116页

**蚌式**
12 次 / 侧 ×3 组
间歇 30 秒

第122页

**哑铃提踵**
12 次 ×3 组
间歇 30 秒

第134页

**热身提示**：激活核心，重点活动髋关节。
**放松提示**：重点放松臀部和腿部肌肉。

# 全身训练计划

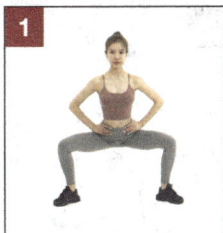

**相扑深蹲**
10次 ×2组
间歇 30秒
第 105 页

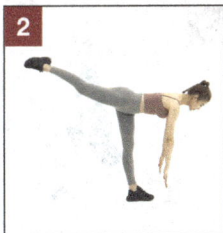

**单腿硬拉**
10次 / 侧 ×2组
间歇 30秒
第 117 页

**哑铃臀桥**
110次 ×2组
间歇 30秒
第 112 页

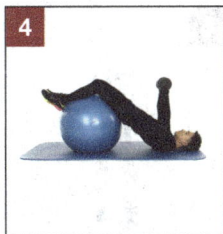

**哑铃瑞士球卧推**
10次 ×2组
间歇 30秒
第 40 页

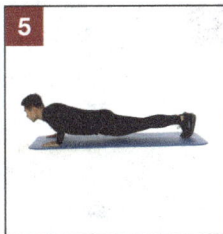

**俯卧撑**
10次 ×2组
间歇 30秒
第 49 页

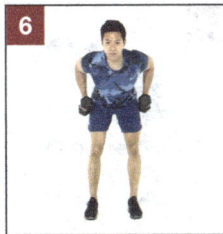

**哑铃俯身划船**
10次 ×3组
间歇 30秒
第 57 页

**BOSU 球死虫式**
10次 ×3组
间歇 30秒
第 94 页

**哑铃前侧平举**
10次 ×3组
间歇 30秒
第 23 页

**弹力带椅上臂屈伸**
10次 ×3组
间歇 30秒
第 9 页

热身提示：激活核心，重点活动肩关节和髋关节。
放松提示：重点放松肩部、背部、腹部和臀部肌肉。

143

# 办公室训练计划

**深蹲**
12 次 ×3 组
间歇 30 秒
第 104 页

**哑铃弓步蹲**
10 次 ×3 组
间歇 30 秒
第 107 页

**弹力带旋转上提**
10 次 / 侧 ×3 组
间歇 30 秒
第 95 页

**哑铃俯身划船 – 单臂**
10 次 / 侧 ×3 组
间歇 30 秒
第 58 页

**弹力带交替胸前推**
10 次 ×3 组
间歇 30 秒
第 41 页

**弹力带肩上推举**
12 次 ×3 组
间歇 30 秒
第 25 页

**弹力带弯举**
12 次 ×3 组
间歇 30 秒
第 3 页

**弹力带过顶臂屈伸**
12 次 ×3 组
间歇 30 秒
第 10 页

热身提示：激活核心，重点活动肩关节和髋关节。
放松提示：重点放松肩部、背部、腹部和臀部肌肉。

# 自重训练计划

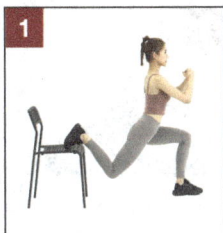

**后腿抬高弓步蹲**
12 次 / 侧 ×3 组
间歇 30 秒
第 109 页

**单腿硬拉**
12 次 / 侧 ×3 组
间歇 30 秒
第 117 页

**侧支撑蚌式**
10 次 / 侧 ×3 组
间歇 30 秒
第 123 页

**平板支撑**
30 秒 ×3 组
间歇 30 秒
第 74 页

**死虫式 – 腿部动作**
12 次 ×3 组
间歇 30 秒
第 93 页

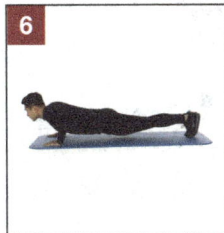

**俯卧撑**
12 次 ×3 组
间歇 30 秒
第 49 页

**俯卧 YTW 伸展**
12 次 ×3 组
间歇 30 秒
第 71 页

**引体向上**
5 次 ×3 组
间歇 30 秒
第 67 页

热身提示：激活核心，重点活动肩关节和髋关节。
放松提示：重点放松肩部、背部、腹部和臀部肌肉。

# 10分钟省时训练计划

**1**

**哑铃深蹲**
20秒 ×3组
间歇 10秒
第102页

**2**

**哑铃后腿抬高弓步蹲**
20秒 / 侧 ×2组
间歇 10秒
第108页

**3**

**侧平板支撑**
20秒 / 侧 ×2组
间歇 10秒
第75页

**4**

**俯卧撑**
20秒 ×3组
间歇 10秒
第49页

**5**

**哑铃俯身划船-单臂**
20秒 / 侧 ×2组
间歇 10秒
第58页

**6**

**哑铃肩上推举**
20秒 ×2组
间歇 10秒
第24页

**7**

**哑铃弯举**
20秒 ×2组
间歇 10秒
第2页

热身提示：激活核心，重点活动肩关节和髋关节。
放松提示：重点放松肩部、背部、腹部和臀部肌肉。